AF306226

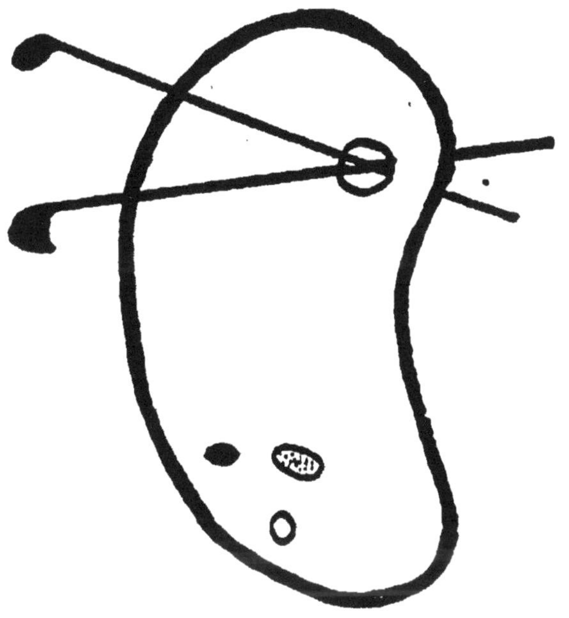

DEBUT D'UNE SERIE DE DOCUMENTS
EN COULEUR

Couverture inférieure manquante

LES
AÏSSAOUA

OU LES
CHARMEURS DE SERPENTS

PAR

LE Dr JULES DAVASSE

NOUVELLE ÉDITION
REVUE, CORRIGÉE ET AUGMENTÉE

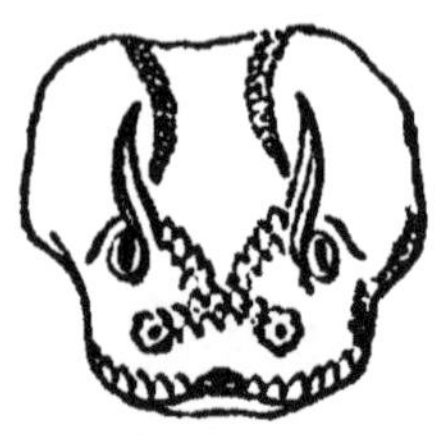

PARIS

IMPRIMERIE POUPART-DAVYL ET Cie
30, RUE DU BAC, 30

1862

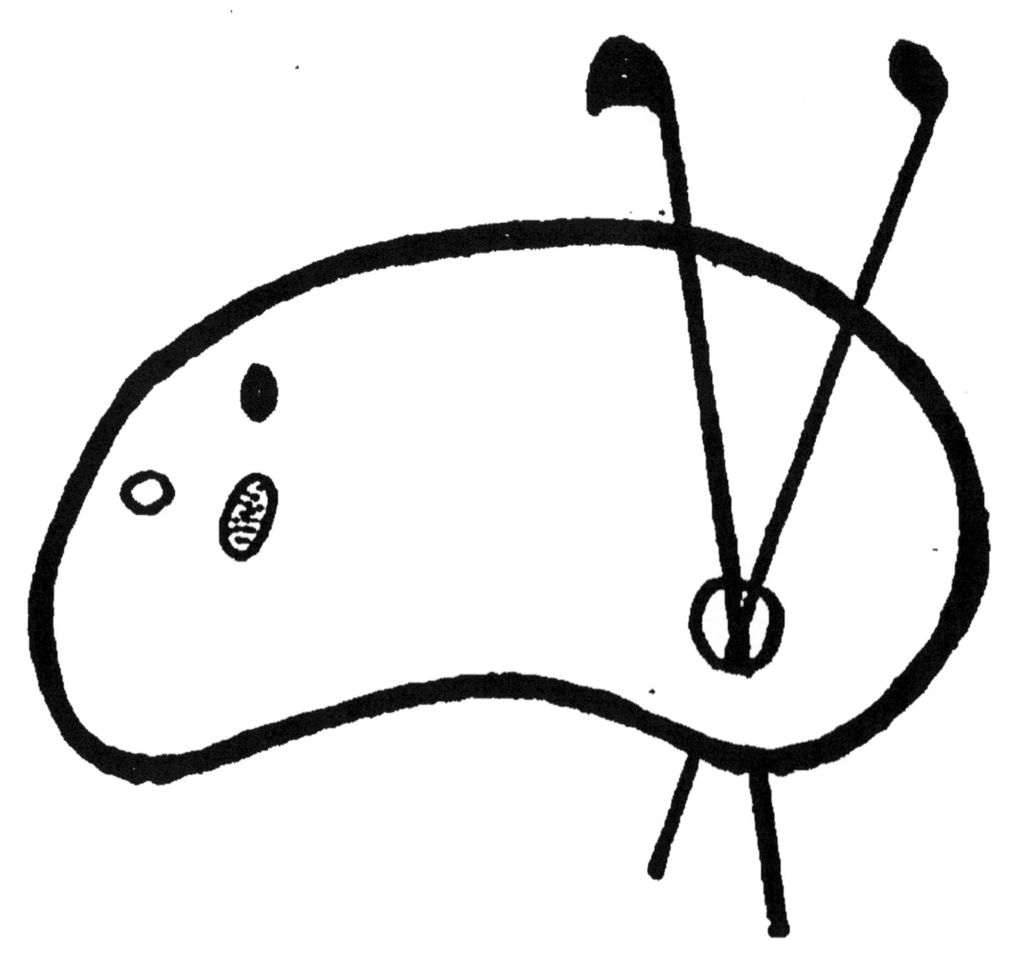

FIN D'UNE SÉRIE DE DOCUMENTS
EN COULEUR

LES AÏSSAOUA

PRINCIPALES PUBLICATIONS DE L'AUTEUR (1)

———

Études sur les affections syphilitiques (en collaboration avec le Docteur
A. Deville).

Des fièvres éphémère et synoque.

Études critiques sur les théories des enduits de la langue et recherches sur la fluxion et l'inflammation de la muqueuse buccale
dans le cours des maladies.

Des effets et des indications de la strychnine et de la noix vomique
dans le traitement du choléra.

Des vomissements dits incoercibles de la grossesse. De la préten-
due légitimité de l'avortement provoqué pour remédier à ces
accidents. Et de leurs indications.

La grippe et la pneumonie grippale.

Note de matière médicale et de thérapeutique sur la glycérine.

Études cliniques sur le traitement de la passion iliaque.

· SOUS PRESSE :

Mémoires de thérapeutique expérimentale.
Essai sur les fièvres continues.

(1) Chez J.-B. Baillière, éditeur, rue Hautefeuille, 19.

LES
AÏSSAOUA

OU LES

CHARMEURS DE SERPENTS

PAR

LE Dr JULES DAVASSE

Aimez les hommes, immolez l'erreur,
SAINT AUGUSTIN.

NOUVELLE ÉDITION
REVUE, CORRIGÉE ET AUGMENTÉE

PARIS
IMPRIMERIE POUPART-DAVYL ET Cie
30, RUE DU BAC, 30
—
1882

INTRODUCTION

Une antique tradition, toute semée de merveilles, attribue aux Psylles originaires de l'Afrique, aux Marses descendants de l'enchanteresse Circé, aux Ophiogènes de l'Hellespont, l'art magique de charmer les serpents et d'en neutraliser les venins.

Grand, sans doute, est le prestige que l'amour du merveilleux a exercé de tout temps, par une sorte de pressentiment invincible, sur l'imagination des hommes. De là, des récits que la poésie pare souvent de ses couleurs et embellit de ses caprices. D'un autre côté, la fable a toujours quelque fond de vérité, et il n'est permis à personne d'éluder les témoignages de l'histoire affirmés par d'imposantes autorités. Entre la

réalité et le mensonge il y a nécessairement, même
dans les régions nébuleuses, une limite ; mais nous
n'avons, quant aux peuples légendaires dont il est question, ni le désir, ni le moyen de la vérifier.

L'art mystérieux de la fascination des serpents n'a
pas été le secret de la seule antiquité. Il s'est perpétué
d'âge en âge chez les nations idolâtres, avec le culte
hideux rendu au symbole de la première incarnation
de l'esprit du mal ; et, de nos jours, on en retrouve
les rites suivis par plusieurs sectes disséminées dans
diverses contrées de l'Afrique et de l'Asie. Ici encore
les mystères de ces races lointaines se dérobent à
notre curiosité dans la profondeur de leurs solitudes,
et, à ces distances, il est malaisé d'y porter un
regard investigateur.

Il est, plus près de nous, des faits d'un contrôle plus
facile, des témoignages d'un autre crédit. Les acteurs
sont à nos portes, les témoins sont nos contemporains ; les spectacles en question se renouvellent
presque tous les jours ; le théâtre en est connu, et
le public peut y être admis sans grandes difficultés.
Or, parmi les spectateurs des scènes étranges que nous
allons raconter, s'il en est qui varient sur leur interprétation légitime, la plupart émettent peu de doutes
sur leur réalité. Il s'agit de la secte des *Aïssaoua,*

que l'on rencontre dans la plupart des contrées de
l'Afrique septentrionale et dont l'organisation se rat-
tachant aux autres congrégations musulmanes, couvre
l'Algérie de son réseau.

Depuis longtemps déjà le docteur Lemprière (1)
nous a fait connaître les faits et gestes de ces nouveaux charmeurs de serpents ; et tout récemment
le docteur Boudin a tenté d'expliquer leur immunité
relative aux venins par le fait de l'innéité et de l'hérédité, c'est-à-dire par une influence de *race*. Suivant
la route tracée par ces honorables confrères, nous
avons démontré (2) que ce privilége, en tant qu'il
existe, est surtout une affaire de *secte*.

Or, une telle question étouffe dans les étroites
limites réservées à la science pure. Les solutions qu'elle
laisse pressentir intéressent non-seulement l'observateur et le savant, mais encore le politique et le
moraliste. Elles doivent surtout solliciter fortement
l'attention des hommes sérieusement préoccupés de
l'avenir de notre belle colonie algérienne, dont la
conquête morale, à peine commencée, est si loin de

(1) *Voyage autour du monde*, p. 212, publié par M. Charton.
(2) *Annales d'hygiène publique et de médecine légale*; 2e série, t. XVI, p. 5.
(3) *L'Art médical, journal de médecine générale et de médecine pratique.*
Novembre 1861 et février, mars, avril, mai, juin 1862.

répondre encore aux vœux et aux sacrifices de la France.

Ce dernier motif, faisant taire tout scrupule, nous a décidé à donner aujourd'hui à nos recherches tout à la fois un plus large horizon et une plus vaste publicité. Puisse un tel but nous octroyer l'indulgence de nos nouveaux lecteurs !

Qu'il nous soit permis de remercier ici nos savants compatriotes, résidant en Algérie, en particulier, MM. Berbruger, bibliothécaire de la ville d'Alger, Warnier, ancien consul, O. Mac-Carthy, publiciste distingué, pour les documents inédits qu'ils ont bien voulu nous adresser avec un empressement et une courtoisie dont nous aimons à conserver le souvenir. Nous avons aussi largement mis à contribution les excellents travaux de M. le colonel de Neveu, du général Daumas, de M. Bellemare, secrétaire de la commission scientifique de l'Algérie, et de M. Brosselard, sous-préfet de Tlemcen. En abordant à la plage africaine, on ne saurait trouver de meilleurs guides. Nous ne pourrons mieux faire que d'invoquer de si précieux témoignages à chaque pas.

Au Val Hermay, 24 juin 1862.

LES AÏSSAOUA

ou

LES CHARMEURS DE SERPENTS

I

Parmi les ordres religieux que la foi musulmane a répandus en Algérie, celui des *Aïssaoua* mérite une mention particulière par l'originalité de ses pratiques. Tous ces ordres portent le nom de *khouan* (frères), et ils se distinguent par le nom de leur fondateur. Les khouan de Sidi-Mhammet-ben-Aïssa, marabout fondateur de l'ordre qui nous occupe, prennent, en conséquence, la dénomination d'Aïssaoua.

Dans une note manuscrite (1) que M. O. Mac-Carthy, l'un des hommes les plus compétents dans la matière, a bien

(1) Extrait d'un ouvrage inédit intitulé : *les Arabes chez eux.*

voulu nous adresser d'Alger, où il réside, sur ce sujet, nous trouvons les renseignements suivants :

« Les *Aïssaoua* ne constituent, à aucun égard, une race à part; ils n'ont absolument rien qui les distingue, physiquement parlant, des races qui forment la population de l'Afrique septentrionale et au milieu desquelles ils se recrutent. On trouve parmi eux des Arabes en majorité, des Kébaïles ou Berbères et quelques nègres musulmans. C'est une secte musulmane dont le colonel de Neveu a, le premier, très-exactement indiqué les croyances et la constitution dans son livre intitulé *les Khouan* (1). Les écrivains qui, depuis, ont parlé des sectes musulmanes, tels que M. Carette, dans l'*Univers pittoresque* de M. Didot, ont tous puisé à cette source certaine, et les investigations nouvelles n'ont, pour ainsi dire, rien ajouté à ce qu'a dit M. de Neveu. Théophile Gautier, dans l'un des premiers numéros de la *Revue de Paris*, dirigée par Maxime du Camp, a décrit, avec une grande vivacité d'expression et une grande précision, l'une de ces rares exhibitions où ils accomplissent *toutes* leurs fantastiques cérémonies. Ils ont des séances moins solennelles, pour ainsi dire hebdomadaires, qui ont pour but de recruter de nouveaux adeptes, de familiariser les récipiendaires avec les cérémonies de la secte, d'entretenir le zèle et l'habileté des anciens. Dans les unes comme dans les autres, tout le monde est reçu indistinctement, indigènes ou Européens; on profite de la circonstance pour quêter et ramasser quelques francs qui servent à couvrir une partie des frais. Les différentes communautés d'Aïssaoua ont, comme toutes les communautés musulmanes, des *mokaddem*, espèces d'intendants, de directeurs chargés de l'administration ainsi que de la surveillance des frères ; ce sont eux qui déterminent les jours de séance et qui les dirigent. A Alger, les Aïssaoua tiennent leurs réunions dans la maison du mokaddem, rue de Thèbes... »

La première chose à faire est d'initier le lecteur aux *faits et gestes* des *Aïssaoua*, et de déterminer le degré de réalité des phénomènes qu'ils présentent à l'observation.

(1) *Les Khouan, ordres religieux chez les Musulmans de l'Algérie.* 1 vol. in-8°. 2° édition, Paris, 1846.

CHAPITRE PREMIER

II.

Commençons par l'intéressante relation du docteur
Lempriére, appelé en 1789 à Taroudant, par l'empereur du
Maroc (1).

« J'avais souvent entendu parler des terribles serpents de la province
de Sous, parmi lesquels, s'il faut en croire les Arabes, se trouvent
encore des pythons, capables de fermer les routes aux caravanes, et
dignes, par leur taille, de figurer près du fameux serpent de Bagrada,
de classique mémoire. C'est de la même province que sortent presque
tous les Aïssaoua, possédant l'art de charmer les vipères les plus dangereuses. Un matin, sur la place du marché, nous rencontrâmes une
bande de quatre de ces hommes : trois d'entre eux étaient musiciens ;
leurs instruments, longs et grossiers roseaux en forme de flûtes, percés
aux deux bouts, produisaient des sons mélancoliques, mais qui n'étaient
pas dépourvus d'un certain charme. Les Aïssaoua, invités à nous montrer leurs serpents, s'y prêtèrent de bonne grâce. Élevant d'abord leurs
mains, comme s'ils tenaient un livre, ils murmurèrent à l'unisson une
prière adressée à la divinité et invoquèrent Sedna-Eiser, qui, dans le
Maroc, est le patron des charmeurs de serpents. Il ne faut pas confondre
Sedna-Eiser (2) avec Sedna-Aïssa, qui est le nom par lequel les Arabes

(1) *Voyage autour du monde*, loc. cit.
(1) Suivant M. de Neveu, au contraire, le mot arabe Aïssa, le patron de
la secte, est l'équivalent de *Jésus*. Ainsi Aïssaoua pourrait, à la rigueur,
être traduit en français par le mot *Jésuites*, c'est-à-dire *hommes de l'ordre de
Jésus*.

désignent le Christ, qu'ils appellent aussi Rohallah (le souffle de Dieu). Leur invocation terminée, la musique commença; le charmeur de serpents se mit à danser en tournoyant avec vélocité autour d'un panier de jonc, recouvert d'une peau de chèvre, sous laquelle se trouvaient les reptiles. Soudain le charmeur de serpents s'arrête, il plonge son bras nu dans le panier et en retire un *cobra capello*, qu'il contourne comme si c'eût été son turban; tout en dansant, il l'enroule autour de sa tête; le serpent, paraissant obéir à ses désirs, conserve la position qu'il lui a donnée. Le cobra est ensuite posé à terre; se redressant alors sur lui-même, il commence à balancer sa tête de droite à gauche : on dirait qu'il suit la mesure. Tournant plus rapidement encore, l'Aïssaoui plonge sa main dans le panier dont il retire successivement deux serpents très-venimeux, de l'espèce que les habitants de la province de Sous désignent sous le nom de *leffa.* Ces reptiles, dont la robe marbrée est tachetée de noir, ont le corps assez gros; leur longueur n'excède pas deux pieds et demi à trois pieds. Ces deux leffas étaient moins dressés et plus ardents que le cobra; à demi roulés, la tête penchée, prêts à l'attaque, ils suivaient d'un œil étincelant les mouvements du charmeur de serpents; quand il s'approchait d'eux, s'élançant sur lui la mâchoire ouverte, ils dardaient leur corps avec une incroyable vitesse; leur queue cependant semblait immobile; puis ils se repliaient sur eux-mêmes. L'Aïssaoui repoussait avec son *kaïk* les attaques dirigées contre ses jambes nues, et les leffas épuisaient leur poison sur le vêtement. Invoquant alors Sedna-Eiser, le charmeur saisit un des serpents par la nuque, en continuant toujours sa danse tournoyante; il ouvrit alors, à l'aide d'une baguette, les mâchoires du reptile, *pour faire voir aux spectateurs les crochets* qui laissaient suinter une matière blanche et huileuse. Il présenta ensuite son bras au leffa, qui y enfonça immédiatement ses crochets, pendant que l'homme, faisant de hideuses contorsions, tournoyait toujours rapidement en invoquant son patron. Le reptile continua de mordre jusqu'au moment où l'Aïssaoui, le retirant, nous montra le sang qui coulait de son bras. Déposant ensuite le leffa à terre, il porta sa blessure à sa bouche, et, la pressant avec ses dents, il se mit à danser, la musique hâtant de plus en plus la mesure jusqu'à ce qu'enfin il s'arrêtât épuisé de fatigue.

« Persuadé que ce n'était qu'une jonglerie, et qu'il avait enlevé le venin du leffa, je demandai à toucher le serpent. Êtes-vous Aïssaoui, me dit l'homme de Sous, avez-vous une foi inébranlable dans le pouvoir de notre saint? Je répondis négativement. Si le serpent vous mord, me dit-il, votre heure est venue : qu'on me donne une poule ou tout autre animal, je vous donnerai une preuve évidente de ce que j'avance, avant que vous ne touchiez un leffa. On apporta une poule ; le charmeur de serpents prit un de ses reptiles et lui laissa mordre l'oiseau. On mit la poule à terre ; elle tourna pendant une minute comme si elle avait des convulsions, chancela et tomba morte ; peu après, sa chair avait pris une teinte bleuâtre. Il va de soi que je n'insistai pas pour toucher le leffa. Remettant ses reptiles dans le panier, notre charmeur en retira d'autres serpents connus dans les environs de Mogador. Je remarquai entre autres le *boumenfalhk* (le père de l'enflure) ; la morsure de ces serpents n'est pas assez venimeuse pour mettre la vie en danger. L'Aïssaoui joua pendant quelque temps avec eux, et les laissait mordre son corps à demi-nu qui ruisselait de sang pendant qu'il dansait. Puis, saisissant entre ses dents la queue d'un de ses serpents, pendant que les autres s'enroulaient autour de son corps, il commença à le manger, ou plutôt à le mâcher ; le reptile, se tordant de douleur, mordit le cou et les mains de l'Aïssaoui jusqu'à ce que celui-ci l'eût complétement dévoré : je n'ai jamais vu de plus dégoûtant spectacle. Dans mes courses, j'ai souvent rencontré des Aïssaoua, je les ai toujours vus manier des scorpions et d'autres reptiles venimeux sans en être jamais blessés. Pendant mon séjour à Tanger, un jeune Maure, assistant aux exploits d'un charmeur de serpents, le tourna en ridicule en lui disant que ce n'était que jonglerie ; mis au défi par un des Aïssaoua, il entra dans le cercle magique, toucha un des leffas, fut mordu *et expira en peu d'instants.* Les Aïssaoua forment une secte nombreuse disséminée dans les villes de l'ouest de la Barbarie ; ils rappellent, sous certains rapports, les derviches tourneurs de l'Orient ; comme eux, ils s'assemblent les jours de fête dans les maisons consacrées à la célébration de leurs rites. Ils croient que leur amour et leur respect pour Sedna-Eiser leur patron, doivent arriver à leur faire dépasser les bornes de la raison humaine. Cette idée les fait tomber, pendant qu'ils s'y livrent, dans une aberration d'esprit telle, qu'ils s'imaginent être transformés en bêtes sauvages (1), en tigres ou lions, chiens, etc. Ils se mettent alors à hurler, à aboyer ou à crier à l'imitation des animaux qu'ils croient représenter. Quand les Aïssaoua sont dans cet état, on les promène quelquefois dans les rues enchaînés, deux à deux. Leur chef (*Emkadem*) les précède à cheval, ils poussent des hurlements horribles et font des bonds prodigieux. Les spectateurs leur jettent quelquefois un mouton

____

(1) Ce fait rappelle les lycanthropes, assez communs en Europe au moyen âge.

vivant, il est aussitôt mis en pièces et dévoré, intestins et tout. S'ils parviennent à se débarrasser de leurs chaînes, ces Aïssaoua se jettent sur les juifs et les chrétiens qu'ils rencontrent. Il y a quelques années, à Tanger, un enfant juif, m'a-t-on dit, fut mis en pièces par ces frénétiques. »

« Parmi les témoignages contemporains, l'un des plus curieux à produire est celui d'un écrivain bien connu dans le monde des lettres et des arts. Ayant eu la fortune d'assister, en 1845, à une séance des Aïssaoua, à l'occasion d'une fête donnée aux environs de Blidah, à la ferme de Gérouaou, chez Ahmed-ben-Kaddour, kaïd des Beni-Khelil, voici comment M. Th. Gautier rend compte des faits singuliers qu'il a vus en compagnie de M. Bourbaki, alors chef du bureau arabe, et des impressions que ce spectacle lui a fait éprouver, dans ce style éclatant et lumineux qui lui est familier, mais dont le coloris, malgré ses excès, ne change rien à la fantastique réalité du sujet (1). On a vu tout à l'heure que ce récit nous a été recommandé non-seulement pour sa verve littéraire, mais encore pour sa fidélité « et sa grande précision, » par l'un des savants les plus estimés de l'Afrique française, l'honorable M. Mac-Carthy.

« ...La cérémonie allait commencer : les groupes se dispersèrent. Ahmed-ben-Kaddour se leva et passa dans la cour du haouch (de la ferme), espèce de patio espagnol entouré d'arcades; là il me fit asseoir à côté de lui sur un tapis d'honneur, avec M. Bourbaki et mes deux compagnons.

« Cette cour assez vaste, entourée par des bâtiments à toits plats et crépis à la chaux, s'éclairait bizarrement par des bougies et des lampes placées à terre auprès des groupes. Le ciel, d'un indigo sombre, s'étendait au-dessus comme un plafond noir tout dentelé par des files de

(1) Les *Aïssaoua* ou les *Khouan de Sidi Mhammed-ben-Aïssa*, scène d'Afrique, par Théophile GAUTIER, dans la *Revue de Paris*, t. 1, p. 160, volume de novembre 1851. La collection de cette feuille littéraire est assez rare aujourd'hui.

spectres blanchâtres posés ainsi que des oiseaux de nuit sur le rebord du toit... Rien n'était plus effrayant et plus fantastique que ces ombres muettes et pâles suspendues au-dessus de nos têtes, dans l'immobilité morte de créatures de l'autre monde. C'étaient les femmes de la tribu qui s'étaient rangées sur les terrasses pour jouir à leur aise de l'horrible spectacle qui allait avoir lieu.

« Les Aïssaoua s'étaient accroupis au nombre d'une trentaine environ autour du mokaddem ou officiant, qui commença d'une voix lente et monotone à réciter une prière que les khouan (frères) accompagnaient de grognements sourds. De temps à autre, un faible coup de tarbouka rhythmait et coupait ce murmure qui allait s'enflant peu à peu et se grossissant comme une vague, avec un bruit d'océan ou de tonnerre lointain.

« Tout à coup un cri aigu, prolongé, chevroté, un piaulement de chouette ou d'orfraie éblouie....., partit à travers la nuit comme une fusée stridente.....

« Ce miaulement infernal était poussé par les femmes qui soutiennent ce cri, en frappant leur bouche avec le plat de la main pour faire vibrer le son. On ne saurait imaginer rien de plus discordant, de plus affreux, de plus sinistre.....

« Cet épouvantable applaudissement parut exciter les Aïssaoua ; ils chantèrent d'une voix plus forte et plus accentuée. Les joueurs de tarboukas frappaient leurs peaux d'onagre avec une vigueur et une activité toujours croissantes. Les têtes des assistants marquaient la mesure par un petit hochement nerveux, et les femmes scandaient l'interminable litanie des vertus et des miracles de Sidi-Mhammed-ben-Aïssa (patron des Aïssaoua) de glapissements de plus en plus rapprochés.

« La ferveur de la prière augmentait ; les figures des khouan commençaient à se décomposer ; ils remuaient la tête comme des poussahs ou la faisaient rouler d'une épaule à l'autre ; la mousse leur venait aux lèvres ; leurs yeux s'injectaient, leurs prunelles renversées fuyaient sous la paupière et ne laissaient voir que la cornée ; tout en contenant leur balancement d'ours en cage, ils criaient : Allah ! Allah ! Allah ! avec une énergie si furibonde, un emportement de dévotion si féroce, d'une voix si sauvagement rauque, si caverneusement profonde, que l'on aurait plutôt dit des rugissements de lions dans un antre affamé, que les articulations de voix humaines.

(1) Il est inutile de remarquer que ces citations sont textuelles.

« Le rhythme des tambours devenait de plus en plus impérieux ; les

Aïssaoua s'agitaient avec une frénésie enragée; le balancement de tête,
qui n'avait été d'abord exécuté que par quelques-uns, était maintenant
général; seulement les oscillations présentaient une telle violence,
que l'occiput allait frapper les épaules et que le front battait la poitrine
en brèche. Cela bientôt ne suffit plus. Le balancement avait lieu de la
ceinture en haut, et le corps décrivait un demi-cercle effrayant:
c'étaient des convulsions, de l'épilepsie, de la danse Saint-Guy, comme
au moyen âge (1).

« De temps en temps, quelque frère épuisé de fatigue roulait à terre,
haletant, couvert de sueur et d'écume, presque sans connaissance; mais
poursuivi par le tonnerre implacable des tarboukas, il tressaillait et
se soulevait par secousses galvaniques, comme une grenouille morte,
au choc de la pile de Volta. A cette vue, les spectres enthousiasmés
secouaient leurs linceuls sur le bord des terrasses et faisaient grincer,
avec un bruit plus sec et plus rauque, la crécelle de leur voix. On
remettait le chaviré sur son séant, et il recommençait de plus belle.

« Un Aïssaoui considérable dans la secte, et qu'on semblait regarder
avec une sorte de terreur respectueuse, se tordait dans des crispations
de démoniaque; ses narines tremblaient, ses lèvres étaient bleues, les
yeux lui sortaient de la tête, les muscles se tendaient sur son col
maigre comme des cordes de violon sur le chevalet; des trépidations
nerveuses agitaient son corps du haut en bas; ses bras se démenaient
comme les ressorts d'une machine détraquée, avec des mouvements
qui ne partaient plus d'un centre commun, et auxquels la volonté
n'avait pas part; on le mettait debout, en le tenant sous les aisselles;
mais il se projetait si violemment en avant et en arrière, comme ces
personnages ridicules qui font des saluts grotesques dans les panto-
mimes, qu'il entraînait avec lui ses deux assesseurs et retombait bientôt
à terre, en se tortillant comme un serpent coupé, et en rauquant le
nom d'Allah! avec un râle si guttural et si strident, quoique bas, qu'il
dominait les cris des Khouan, les piaulements des femmes et le tré-
pignement des convulsionnaires. — Si jamais le diable est forcé de
confesser Dieu, il le fera de cette manière.

« Mon œil se troublait et ma raison s'embarrassait à regarder cette
scène vertigineuse. La singulière sympathie imitative qui vous fait
détendre les mâchoires en face d'un bâillement, me causait sur mon
tapis des soubresauts involontaires; je secouais machinalement la tête

____

(1) Il est inutile de faire remarquer que ces expressions doivent être
prises au point de vue purement littéraire de l'auteur. J. D.

et je me sentais, moi aussi, des envies folles de pousser des hurlements.
Un cavalier du Maghzen, assis non loin de moi, n'y put résister plus
longtemps et roula sur la poussière avec des rires et des sanglots nerveux, se soulevant au rhythme pressé, saccadé, haletant des tarboukas
ronflant sous une furie de percussion toujours augmentée.

« Le désordre était au comble, l'exaltation touchait à son paroxysme.
Par la persistance du chant, du tambour et de l'oscillation, les Aïssaoua
avaient atteint le degré d'orgasme nécessaire à la célébration de leurs
rites ; le délire, la catalepsie, l'extase magnétique, la congestion céré-
brale, tous les désordres nerveux traduits en sanglots, en contorsions,
en roideurs tétaniques, convulsaient ces membres disloqués et ces phy-
sionomies qui n'avaient plus rien d'humain. La lumière des lampes
s'entourait d'auréoles sanglantes dans la rousse brume de poussière
soulevée par ces forcenés, et ses reflets rougeâtres donnaient un air
encore plus fantastique à cette scène bizarre dont le souvenir nous est
resté comme celui d'un cauchemar.

« Tout cela grouillait, fourmillait, trépidait, sautelait, gloussait,
hurlait dans un pêle-mêle hideux. Les mouvements de l'homme
avaient fait place à des allures bestiales. Les têtes retombaient vers le
sol comme des muffles d'animaux, et une fauve odeur de ménagerie
se dégageait de ces corps en sueur.

« Nous frissonnions d'horreur dans notre coin ; mais ce que nous
venions de voir n'était que le prologue du drame.

« Se traînant sur les genoux ou sur les coudes, ou se soulevant à
demi, les Aïssaoua tendaient leurs mains terreuses au mokaddem, tour-
naient vers lui leurs faces hâves, livides, plombées, luisantes de sueur,
éclairées par des yeux étincelants d'une ardeur fiévreuse, et lui demandant à manger avec des pleurnicheries et des câlineries de petits
enfants.

« — Si vous avez faim, mangez du poison, » leur répondit le mokaddem, comme le fit Sidi-Mhammed-ben-Aïssa à ses disciples qui s'en
trouvèrent si bien, d'après la légende dont cette cérémonie est destinée à perpétuer la mémoire.

« Ce qui se passa après que le mokaddem eut fait signe d'apporter
les nourritures, est si étrange que je supplie mes lecteurs de croire
littéralement tout ce que je vais leur dire. Mon récit ne contient
aucune exagération, d'abord parce que l'exagération n'est pas possible
dans la peinture de ce monstrueux délire qui laisse bien loin derrière
lui les visions de Smarra et les caprices de Goya, le graveur des épou-

vantes nocturnes. Des crapauds, des scorpions, des serpents de différentes espèces furent tirés de petits sacs et dévorés vivants par les Aïssaoua avec des marques d'indicible plaisir; ceux-ci léchaient des écuelles ou des bêches rougies au feu; ceux-là mâchaient des charbons ardents; d'autres puisaient dans des terrines du coussoussou mélangé de verre pilé et de tessons, ou mordaient des feuilles de cactus dont les épines leurs traversaient les joues. J'ai gardé longtemps plusieurs de ces feuilles épaisses et dures comme des semelles de botte, qui portaient, découpées à l'emporte-pièce, l'empreinte des dents de ces étranges gastronomes.

« Chacun, en dévorant sa dégoûtante pâture, imitait le cri d'un animal, qui, le rugissement du lion, qui, le sifflement de la vipère, qui, le renaclement du chameau, ou poussait des cris inarticulés, spasmes de l'extase, échappements de l'hallucination, appels aux visions inconnues perceptibles pour le croyant seul.

« Les plus fervents se couchaient sur des lits de braise comme sur des lits de roses; et, dans cette position de Gualimozin, leur visage s'illuminait d'une indicible expression de volupté céleste qui rappelait l'expression des martyrs chrétiens dans les tableaux des grands maîtres.

« Un de ces fanatiques, âgé à peine d'une vingtaine d'années, s'avança jusqu'à l'endroit où nous étions assis et, de l'air le plus tranquille du monde, tout en dodelinant sa tête alourdie par un hébétement de béatitude, se posa sous les aisselles quatre mèches soufrées tout en feu, et les promena lentement le long de chacun de ses bras; une forte odeur de chair grillée nous montait aux narines, et lui, souriant avec un sourire d'amoureuse langueur, marmottait à demi-voix le nom d'Allah !

« Un autre à moitié nu, sec, maigre et fauve, se frappait la poitrine d'une façon si rude, qu'à chaque coup il jaillissait un flot de sang; près de lui un de ses compagnons sautait pieds nus sur des tranchants d'yatagans.

« Les tarboukas tonnaient sans interruption, les cris des femmes se succédaient d'instant en instant plus perçants, plus grêles, plus chevrotés que jamais, dépassant en acuité la chanterelle des plus aigres violons; il n'y avait plus un seul frère debout, tous se roulaient épileptiquement dans un hideux mélange de débris impurs, comme des nœuds de serpents qui se tordent sur un fumier. Je laissais flotter mes yeux, fatigués et troublés, sur ce monstrueux ramas de têtes, de torses et de membres désordonnés, fourmillant dans la poussière et la fumée, lorsqu'il se fit à l'une des portes un mouvement qui annonçait un nouvel épisode à ce sauvage poëme.

« Deux Arabes entrèrent dans la cour, traînant par les cornes un mouton qui résistait beaucoup et arc-boutait désespérément ses pattes contre terre pour ne pas avancer. On eût dit qu'il pressentait son sort ; son grand œil bleu pâle, fou de terreur, se dilatait prodigieusement, et jetait à l'entour des regards vitrés qui n'y voyaient pas, ses narines camuses distillaient une mousse sanguinolente, et tout son corps tremblait comme la feuille ; quoique personne ne l'eût touché, il était déjà mort pour ainsi dire.

« A la vue du mouton, une clameur assourdissante, un hourra frénétique sortit de toutes ces poitrines, où il semblait ne devoir plus rester que le souffle ; un pareil hurlement doit jaillir d'une fosse aux ours où il tombe un homme.

« Les Aïssaoua se jetèrent sur la pauvre bête, la renversèrent, et pendant que les uns lui maintenaient les pattes, malgré ses tressaillements et ses faibles ruades d'agonie, les autres lui déchiraient le ventre à belles dents, mâchaient ses entrailles parmi les touffes de laine. Ceux-ci tiraient à eux, comme font les oiseaux carnassiers sur les charognes, un long filament de boyau, qu'ils avalaient à mesure ; ceux-là plongeaient leur tête dans la carcasse effondrée, mordant le cœur, le foie ou les poumons. Le mouton ne fut bientôt plus qu'une boue sanglante, un lambeau informe que ces bêtes féroces se disputaient entre elles, avec un acharnement que des hyènes et des loups n'y auraient, certes, pas mis.

« Un détail, purement oriental, augmentait encore l'horreur de cette scène : les Arabes, comme tous les peuples musulmans, se rasent la tête ; les Aïssaoua de Gerouaou, après deux heures de contorsions et d'épilepsie, étaient presque tous décoiffés, et leurs crânes dénudés se nuançaient, comme un menton dont la barbe est faite, de tons bleuâtres et verdâtres assez semblables à ceux de la moisissure ou de la putréfaction ; ces faces cuivrées, surmontées de tons faisandés, avaient un aspect bestial et sinistre, et, à voir ces crânes bleus emmanchés de nuques rouges, se plongeant dans les entrailles pantelantes du mouton, on eût dit de monstrueux oiseaux de proie, moitié hommes, moitié vautours, dépeçant quelque carcasse abandonnée sur une voirie.

« A la fin, ivres de ce repas de Lestrigons, fatigués des délires de cette nuit orgiaque, les Aïssaoua tombèrent lourdement çà et là et s'endormirent d'un sommeil inerte.

« La tête me tournait, j'avais des vertiges et des nausées, et ce ne fut pas sans un vif sentiment de plaisir que je me retrouvai sur la route de Blidah, où l'air frais du matin eut bientôt balayé ces terribles visions nocturnes, — qui sont pourtant des *réalités*. »

Le cœur se soulève, en effet, de dégoût à la seule peinture de ces abjections bestiales au milieu desquelles l'exhibition des reptiles venimeux dévorés vivants ne manque jamais. C'est le tableau essentiel de l'immonde fête. Mais, dans ce dernier récit, l'immunité de la secte n'apparaît pas nécessairement comme dans la relation du D' Lempriére. Nous demanderons tout à l'heure de nouvelles preuves à d'autres observateurs contemporains.

III

Assurément, si le fait de l'immunité des Aïssaoua contre les suites des morsures d'animaux venimeux et d'autres agents nuisibles existe, c'est un fait étrange. Aussi, comme dit de la Place : « Plus un fait est extraordinaire, plus il a besoin de s'appuyer sur de fortes preuves, car ceux qui l'attestent peuvent ou tromper ou avoir été trompés ; ces deux causes sont d'autant plus probables que la réalité du fait l'est moins en elle-même. » En vertu de cette juste remarque, cherchons, s'il est possible, à éloigner toutes les causes d'erreur susceptibles de se glisser soit dans les faits, soit dans les commentaires des observateurs.

La première conjecture qui se présente à l'esprit, c'est que les exhibitions des Aïssaoua ne constituent qu'une habile jonglerie. Ces fanatiques sont des charlatans ; et dupes sont les spectateurs. Supercherie et mystification, voilà tout le mystère. Tel est le thème banal que nous voudrions admettre, mais cette simple explication ne nous satisfait pas. Il faut, en fait de preuves, autre chose qu'une dénégation. Plusieurs témoins, en effet, ont soin de nous prévenir qu'ils s'étaient d'avance approvisionnés d'une forte dose d'incrédulité. « Le voyageur, au xix° siècle, dit M. Théophile Gautier, est naturellement sceptique et il aime fort, avant de croire, à fourrer son doigt dans la plaie, comme saint Thomas. C'est moins méritoire, mais plus sûr. » — Et ce voyageur incrédule confesse, avec le dégoût qu'ils lui inspirent, la réalité des faits qu'il a vus.

Cependant, en présence de phénomènes aussi étranges que ceux dont nous avons déroulé le tableau dans le précédent chapitre, la raison se révolte contre les faits, malgré les déclarations catégoriques des observateurs. Et, en effet, si l'on considère que les exhibitions des Aïssaoua ressemblent singulièrement aux jongleries en usage chez la plupart des peuples de l'Orient, où ne manquent pas les prestidigitateurs habiles dans ce genre d'exercices, on ne peut se garder d'une défiance bien naturelle en cet endroit. Aussi, parmi les conjectures qui se présentent d'abord, l'idée de la supercherie, dont le mobile se devine d'ailleurs aisément, se cramponne obstinément à l'esprit.

Il est certain que, du moment où cette démonstration de jonglerie serait acquise, il n'y aurait plus à s'occuper d'autres interprétations. La cause serait entendue. Donc il convient d'insister sur cette objection pour lui donner toute son importance. Nul ne l'a exprimée avec une plus grande autorité que M. de Neveu. On ne peut passer sous silence une opinion de cette valeur ; le lecteur la trouvera rapportée fidèlement ci-dessous :

« L'ordre fondé par Sidi Mhammet-ben-Aïssa est sans contredit celui qui a le plus attiré, de tout temps, l'attention générale et des musulmans et des Français, à cause de la singularité des pratiques qui s'y rattachent. Il est même peu de Français qui, après un court séjour en Afrique, n'aient entendu parler des Aïssaoua et des merveilles qu'ils exécutent. Il y a quelques années, un journal contenait une longue relation de leurs faits et gestes, qu'il qualifiait de coutumes atroces et barbares. L'auteur de cette relation avait sans doute assisté à l'une de leurs fêtes, qui sont fréquentes à Alger ; il avait pris au sérieux de pures jongleries. S'il eût voulu examiner plus attentivement, il aurait reconnu le mystère, et découvert ce qu'était l'ordre des Aïssaoua ; il s'est arrêté aux apparences, qui ont, il faut en convenir, un aspect assez révoltant.

« Nous allons donner la description d'une fête d'Aïssaoua dont nous avons été témoin. Un frère de cet ordre, dans le but d'attirer sur sa famille les bénédictions du ciel et de faire réussir un projet qu'il avait formé, donna une de ces fêtes dans l'intérieur de sa maison. Un de ses voisins, avec lequel nous entretenions quelques relations amicales, intercéda pour nous, et après quelques difficultés, la permission d'assister aux cérémonies nous fut accordée.

« Dans la cour intérieure du bâtiment, on avait, longtemps avant l'arrivée des frères, préparé des lumières et des tapis. Un coussin marquait la place que devait occuper le mokaddem, président habituel de ces sortes de réunions. Un assez grand nombre de spectateurs féminins avaient envahi les galeries du premier étage de la maison mauresque.

« Les Aïssaoua entrent, se placent en cercle dans la cour, et bientôt commencent leurs chants. Ce sont d'abord des prières lentes et graves qui durent assez longtemps ; viennent ensuite les louanges de Sidi-Mhammet-ben-Aïssa, le fondateur de l'ordre, puis les frères et le mokaddem, prenant des timballes et des tambours de basque, animent successivement la cadence, en s'exaltant mutuellement d'une manière toujours croissante.

« Après deux heures environ, les chants étaient devenus des cris sauvages, et les gestes des frères avaient suivi la même progression. Tout à coup quelques-uns se lèvent et se placent sur une même ligne en dansant et prononçant, aussi gutturalement que possible, avec toute la vigueur de leurs énergiques poumons, le nom sacré d'Allah. Ce mot, qui désigne la divinité, sortant de la bouche des Aïssaoua, semblait être plutôt un rugissement féroce qu'une invocation adressée à l'Être suprême. Bientôt le bruit augmente, les gestes les plus extravagants commencent, les turbans tombent, laissant paraître à nu ces têtes rasées qui ressemblent à celles des vautours ; les longs plis des ceintures rouges se déroulent, embarrassent les gestes et augmentent le désordre. Alors les Aïssaoua marchent sur les mains et les genoux, imitent les mouvements de la bête. On dirait qu'ils n'agissent uniquement que par l'effet d'une force musculaire que ne dirige plus la raison, et qu'ils oublient qu'ils sont des hommes.

« Lorsque l'exaltation est à son comble, que la sueur ruisselle de tout leur corps, les Aïssaoua commencent alors leurs jongleries. Ils appellent le mokaddem leur père, et lui demandent à manger ; celui-ci distribue aux uns des morceaux de verre qu'ils broient entre leurs dents ; à d'autres, il met des clous dans la bouche ; mais, au lieu de les avaler, ils ont soin de cacher la tête sous les plis du vernous du mokaddem, afin de ne pas laisser voir aux assistants qu'ils les rejettent. Ceux-ci mangent des épines et des chardons, ceux-là passent leur langue sur un fer rouge ou le prennent entre leurs mains sans se brûler. L'un se frappe le bras gauche avec la main droite : les chairs paraissent s'ouvrir, le sang coule en abondance ; il repasse la main sur son bras, la blessure se ferme, le sang a disparu. L'autre saute sur le tranchant d'un sabre que deux hommes tiennent par les extrémités, et ne se coupe pas les pieds. Quelques-uns tirent de petits sacs en peau, des scorpions, des serpents, des vipères qu'ils mettent intrépidement dans leur bouche. *Tout cela est fait avec assez d'art pour que l'on ne puisse saisir les moyens secrets à l'aide desquels ils se préservent de tout mal.* »

« Les Aïssaoua ne peuvent pas entre eux se faire illusion sur la nature des choses surprenantes qu'ils accomplissent, mais le public spectateur est facilement induit en erreur. Dans la fête dont nous parlons, un crochet en fer, fixé dans le mur et destiné à suspendre des viandes, était resté à sa place habituelle : un assistant l'aperçoit, et demande qu'on l'enlève, dans la crainte qu'un frère, dans sa fureur dévorante, ne soit tenté de l'avaler. Un des assistants se précipite, en effet, pour l'ôter, et les Aïssaoua en font autant de leur côté, mais ils ont soin cependant de n'y mettre que la rapidité nécessaire pour permettre qu'il soit à l'abri de toute atteinte étrangère.

« Ces cérémonies des Aïssaoua sont à peu près du même genre que les tours de force et d'adresse qui, sur les foires de France, attirent et fascinent le paysan émerveillé, mais non pas convaincu. Il n'y a que cette différence : en Algérie, la religion musulmane donne à ces tours sa puissante sanction, et le vrai croyant pense que Dieu prête une partie de son pouvoir au sectateur d'Aïssa ; chez nous, au contraire, tout cela se passe avec la permission de M. le maire, et le paysan en s'en allant dit en lui-même : « Que ces gaillards-là sont adroits ! »

Quant à l'immunité des Aïssaoua contre les venins, voici ce qu'en pense M. de Neveu :

« ..... Les Aïssaoua jouissent, dans toute l'Algérie et au Maroc, de la réputation de guérir les piqûres des bêtes venimeuses. Aussi sont-ils fréquemment appelés comme médecins près des personnes atteintes de maladies produites par les morsures de ces animaux. Pour opérer la guérison, ils commencent par sucer les plaies avec tant de force, qu'ils en tirent une grande quantité de sang ou déterminent une ecchymose considérable. Cette saignée locale, ou plutôt la confiance qu'inspirent les Aïssaoua, prévient les accidents ultérieurs, surtout lorsque la piqûre n'est pas celle d'un animal véritablement venimeux. Par une fatalité qui mérite d'être remarquée, on ne trouve jamais de faiseurs de miracles lorsque la blessure est mortelle.

« Dans le Tell, les vipères sont très-rares : l'une d'elles, *la vipère minute*, détermine des accidents mortels tellement rapides que l'on n'a jamais le temps de trouver un Aïssaoui. Les piqûres des scorpions et des scolopendres sont trop peu graves pour que les pratiques du charlatanisme le plus impudent ne réussissent pas toujours à les guérir.

« Dans le Sahara, où les *cérastes* ou *vipères cornues* sont très-communes, particulièrement dans l'oasis d'El-Abiad-Sidi-Cheikh, les Aïssaoua se gardent bien de s'établir. Les chefs de cette contrée nous ont assuré qu'ils n'ont jamais pu déterminer les Aïssaoua à venir spéculer sur la crédulité publique. Là, en effet, ils eussent éprouvé de trop fréquentes défaites.

« Nous avons souvent poussé la curiosité et l'incrédulité jusqu'à faire venir chez nous des Aïssaoua, avec leur ménagerie. Tous les animaux qu'ils nous désignaient comme des vipères (*lefâ*) n'étaient que d'innocentes couleuvres (*hanech*) : lorsque nous leur proposions de mettre la main dans le sac qui contenait leurs animaux, ils se hâtaient de se retirer, convaincus que nous n'étions pas dupes de leurs fraudes. »

Voilà un témoignage qui paraît d'abord assez formel (1), au moins quant à ce qui concerne la « ménagerie » particulière des Aïssaoua que M. de Neveu a eu l'occasion de recevoir sous son toit. Mais si grande que soit l'autorité de ce témoin, il faut bien ajouter que ceci ne prouve absolument rien contre les faits rapportés par les autres observateurs.

(1) Ajoutons que telle est aussi l'opinion de M. O. Mac-Carthy.

Si les cérastes sont rares en Algérie, particulièrement dans le Tell, il n'en est pas de même dans le sud, où les vipères cornues sont extrêmement communes. Elles abondent aussi, comme nous l'avons vu, dans le Maroc, et surtout dans la province de Sous, d'où est originaire la secte des Aïssaoua (1).

Or, la piqûre des cérastes (2) ne peut guère passer pour innocente. Un jeune chirurgien militaire, le docteur Tissoire, qui a publié une étude très-intéressante sur cette espèce de serpents (3), a pu recueillir exactement plusieurs cas où des hommes ayant été mordus, la plupart avaient expiré au bout de peu de temps, tandis que les plus heureux s'en étaient tirés après avoir éprouvé des accidents généraux formidables et la gangrène plus ou moins complète de la partie du corps atteinte par la morsure. « Je doute, exprime ce savant confrère, qu'on puisse trouver des reptiles dont le venin soit plus actif que celui de la vipère bicorne (1). »

Le docteur Guyon rapporte qu'un gros chien basset, qu'il avait fait mordre par un céraste, succomba juste une demi-heure après cette morsure, tandis qu'une pie-grièche, qu'on avait piquée avec un croc de céraste, mourut en moins d'une minute, bien que le croc eût été détaché de la tête du reptile depuis plusieurs jours. Les grands quadrupèdes, tels que les chevaux et les chameaux, succombent fréquemment aussi à la morsure de cette vipère. Selon le même observateur, elle est le plus souvent mortelle pour l'homme. Enfin le docteur Warnier, détaché comme médecin auprès de l'émir Abd-el-Kader à Mascara, écrivait en 1839 : « La vipère cornue est très-commune dans les environs d'Aïn-Madhy. Les froids prolongés

(1) Voir la relation ci-dessus du docteur Lempri_re.

(2) *Cérastes*, κεράστης, de κέρας (corne), n'est que le mot grec de vipères *cornues* ou *bicornes* (en arabe, *lefaâ el gorn*).

(3) *Études sur la vipère cornue (bicorne) du sud de l'Algérie*, par le docteur Tissmr, de Fangeaux (Aude). Alger, 1858, p. 34.

(4) *Id.*, p. 36.

l'engourdissent. Un soldat de l'émir eut l'imprudence d'en prendre une dans cet état, la chaleur la réveilla et elle mordit le soldat qui succomba deux heures après (1). »

Si les Aïssaoua de l'Algérie jouent avec d'inoffensives couleuvres, comme M. le colonel de Neveu a sans doute raison de le supposer, cela n'est pas un motif pour récuser le témoignage que nous avons rapporté du docteur Lemprière, observateur très-sagace et médecin très-instruit. Ce dernier désigne très-positivement les leffas ou cérastes parmi les reptiles des charmeurs de Sous. Il en est de même de M. Bellemare, dont le travail publié tout récemment en 1858 (2), et par conséquent postérieur de quinze ans environ à celui de M. de Neveu, ne laisse guère de doute sur l'espèce de reptiles maniés par les Aïssaoua et la réalité des phénomènes. Écoutons ce dernier :

« Je me promenais un soir, dit M. Bellemare, dans le haut de la ville d'Alger (Djebel), lorsqu'un bruit assourdissant, causé par plusieurs tambourins, me signala le voisinage d'une fête d'Aïssaoua. Lorsqu'il me fut donné de pénétrer dans cette maison où les mystères allaient s'accomplir, la cérémonie était commencée depuis quelque temps ; les musiciens préludaient en frappant sur leurs énormes tambourins deux coups lents, suivis d'un troisième coup plus rapide, et des chanteurs, forcés à hurler à pleins poumons, pour dominer le bruit de l'orchestre, assourdissaient les oreilles de leurs chants monotones. Ces derniers, psalmodiés au bruit des tambourins, produisent sur le spectateur un effet nerveux dont il ne peut se rendre compte. Malgré lui, sans se l'expliquer, il sent un besoin de se livrer à une danse désordonnée. J'éprouvais cette impression singulière depuis quelques instants, lorsque tout d'un coup l'un des Arabes qui se trouvaient le plus rapprochés de moi, s'élance en poussant un cri farouche, inhumain, un de ces cris que devait jeter la pythonisse lorsque le dieu s'emparait d'elle. Dans son transport il secoue son *chechia* (calotte rouge), et la longue mèche de cheveux qu'il porte au sommet de la tête retombe sur ses

(1) Ces faits sont empruntés à la brochure de ce même ouvrage du docteur Tisseire.

(2) *Revue contemporaine*, 15 décembre 1858.

épaules. L'Aïssaoui commence immédiatement le *djedâb* (3) ; le chœur
arrête ses chants, les tambours seuls continuent à accompagner les
contorsions du forcéné. A mesure que l'Aïssaoui accomplit sa danse
furieuse, on voit le sang monter à sa figure, gonfler les veines de son
cou sur lequel elles se détachent en relief, comme une corde tendue ;
le souffle ne passe plus qu'en sifflant à travers la gorge comprimée,
toute trace de chant disparaît pour faire place à un son inarticulé, qui
n'est plus que le dernier effort d'une respiration prête à s'échapper.
Parvenu à cet état de paroxysme, l'Aïssaoui saisit une plaque de fer
rougie sur le brasier : il s'en frappe le front, la tête ; il y applique la
main, les pieds, la lèche avec la langue, et finit par la tenir suspendue
à l'aide de ses dents.

    « Ces faits sont-ils possibles? La raison dit non, et cependant J'AI VU,
J'AI VU, et tous ceux qui ont assisté à des hadras viendront confirmer
ce que je me borne à constater ici. Prétendra-t-on que j'ai mal vu,
que je n'avais affaire qu'à des jongleurs qui m'ont trompé? Mais le
témoignage de mes yeux a été confirmé par celui de l'odorat. J'ai senti
l'odeur nauséabonde de la chair grillée : j'aperçois encore un pauvre
vieillard à cheveux blancs, qui, devant moi, appliqua sur son mollet
la plaque rougie; j'vois la fumée blanchâtre se détacher dans l'air,
j'entends la crépitation de la peau au contact du feu. A côté de ces
Aïssaoua s'élancent un second, puis un troisième adepte ; les tambours
frappent à coups précipités, les mouvements du djedâb suivent la
mesure ; ce n'est plus une danse, ce ne sont plus des chants, mais des
contorsions sans nom, des sons inarticulés au milieu desquels on parvient à distinguer les mots d'*in Allah* (ô Dieu!), sortant d'une poitrine
épuisée. Celui-ci saisit un charbon allumé, le place dans sa bouche et
continue son djedâb. lorsqu'il aspire, on voit le feu devenir plus actif,
et quand au contraire il rend son haleine, le souffle emporte avec lui de
nombreuses étincelles. Celui-là prend un paquet de ces petites bougies
que l'on trouve dans toutes les boutiques des épiciers maures ; il les
allume, fait passer et repasser lentement la flamme sous son menton,
sous son cou, sous ses aisselles, sur sa figure ; puis, lorsqu'elles sont
près d'être consumées, il les place dans sa bouche, qui rejette des
flammes durant quelques instants. Le troisième enfin découvre sa poitrine, s'élance sur la lame d'un yatagan que deux hommes tiennent

  (3) Le djedâb consiste dans un mouvement violent imprimé à la tête de
gauche à droite pendant l'exécution de cette danse, qui dure quelquefois une
demi-heure.

devant lui, et, suspendu sur le tranchant, il continue les mouvements du djedâb. A ce moment, les femmes, fantômes blancs placés à la galerie supérieure, font entendre, en signe de satisfaction et d'encouragement, leur cri strident de *you, you, you, you.* Leur appel est entendu ; ce ne sont pas seulement trois adeptes, mais six, mais huit forcenés qui se précipitent dans l'enceinte, en poussant les mêmes hurlements que les premiers. L'un se frappe le bras d'un coup vigoureux, le sang jaillit pendant quelques instants de la veine ouverte ; l'Aïssaoui passe la main sur la plaie, le sang s'arrête, LA TRACE DE LA BLESSURE DISPARAÎT.

« D'autres, se traînant à genoux, cherchent à imiter la voix retentissante du lion ou le cri rauque du chameau. Ils s'avancent vers le *mokaddem* en balançant leur corps et lui demandant à manger. Le chef leur présente soit une feuille de cactus aux pointes acérées, dans laquelle ils mordent avec intrépidité ; soit des tessons de bouteille qu'ils mâchent et finissent par avaler. Un dernier, enfin, tire d'un petit sac un scorpion frétillant, place entre ses dents la tête de l'animal, qui, blessé et cherchant à se défendre ou à se venger, fait de nombreuses piqûres aux lèvres de son ennemi. Puis on entend le claquement des mâchoires qui se resserrent ; le scorpion est coupé en deux, et, tandis que sa queue tombe frémissante sur les dalles, l'Aïssaoui mange tranquillement la partie restée dans sa bouche. Je sens encore, après seize années, le frémissement qui me parcourut le corps à cet horrible spectacle, et cependant il m'était réservé d'en voir un autre plus atroce. Au moment où l'Aïssaoui achevait d'avaler son scorpion, un grand mouvement s'opérait dans l'assemblée : plusieurs individus cherchaient à atteindre, au milieu de l'obscurité, un animal qui s'enfuyait. Je ne tardai pas à apprendre que cet animal était *une vipère* et à quel rôle il était destiné. Trois Aïssaoua s'élancent pour remplacer leurs compagnons ; chacun d'eux tient un reptile, le brandit au-dessus de sa tête, et commence son djedâb. L'animal, rendu furieux par la douleur et par la crainte, cherche à s'échapper ; mais, emprisonné par la main qui le serre, il se plie et s'épuise en inutiles efforts. En ce moment, les trois frénétiques se rapprochent et, continuant leur danse frénétique, ils enchevêtrent réciproquement leurs bras les uns dans les autres. Dans cette position, l'Aïssaoui, placé au centre, a la figure fouettée par les deux serpents que tiennent ses voisins, tandis que lui-même secoue au-dessus de leurs têtes le reptile dont il est armé. Que l'on cherche à se représenter, par la pensée, les contorsions de ces serpents hideux, fous de rage, leurs effroyables enlacements, ces têtes humaines, nues et rasées, autour desquelles viennent s'enrouler ces cordes vivantes, on pourra peut-être se faire une idée affaiblie du spectacle que j'avais sous les yeux ; mais on ne comprendra jamais l'horreur de sa réalité. Comme leurs devanciers, ces trois derniers Aïssaoua succombèrent enfin à la fatigue ; ils tombèrent étendus sur les dalles de la cour, et les serpents, s'échappant de leurs mains inertes, s'enfuirent à travers les spectateurs : la *kadra* était terminée. »

On peut objecter encore (et l'objection a été faite d'ailleurs par des hommes dont nous reconnaissons toute l'autorité), on peut objecter, dis-je, que les serpents et les scorpions qui figurent dans cette fantasmagorie sont réduits préalablement à l'état d'inoffensifs comparses ; qu'aux premiers l'on a enlevé les crochets, et aux seconds les dards ; et, par conséquent, que ces animaux ont perdu le venin qui en fait tout le danger.

Mais, — quant aux serpents, — l'Aïssaoui, dont il est parlé dans la relation du Dr Lemprière, avait soin d'ouvrir avec une baguette les mâchoires de ses reptiles, *pour montrer aux spectateurs les crochets qui laissaient suinter une matière blanche et huileuse ;* l'on se souvient aussi que la poule, mordue par l'un de ces mêmes animaux, tomba aussitôt dans un état convulsif et mourut *au bout d'une minute ;* et enfin le jeune Maure, de Tanger, assistant aux exploits d'un charmeur de serpents, et l'ayant accusé de jonglerie, mis au défi par ce dernier, entra dans le *cercle magique,* fut mordu par un des leffas, et *expira en peu d'instants.* Voici ce que, de son côté, rapporte M. Bellemare dans la relation précédemment citée :

« Un attaché du consulat général de France à Tanger, doutant, lui aussi, de la puissance venimeuse des cérastes employés par les Aïssaoua, offrit à l'un d'eux une somme d'argent s'il consentait à avaler sous ses yeux une vipère qu'il lui remettrait lui-même, et par laquelle on aurait fait mordre préalablement une poule et un chien. L'Aïssaoui accepta, accomplit pendant un quart d'heure le djedâb, puis, lorsqu'il fut parvenu au degré d'exaltation nécessaire, il saisit le reptile, lui

offrit successivement la main, le bras, la figure, la langue, et finit par
l'avaler. La poule et le chien moururent, l'Aïssaoui n'éprouva aucun
mal. Il est à remarquer que jamais Aïssaoui n'accomplit un des actes
extraordinaires dont il vient d'être question, sans être précédé du
djedb. »

L'expérience suivante a été faite sur les scorpions par
M. Berbruger :

« J'avais entendu raconter, dit M. Berbruger, que les Aïssaoua
mangeaient des serpents et des scorpions, et, pour m'assurer s'ils enlevaient le dard de ces derniers, comme on le prétendait, j'avais pris la
peine de faire une promenade au Bouzaréah, d'où je rapportai une
collection capable de satisfaire le plus vorace de la secte. Au plus fort
de la cérémonie, je sortis de ma poche le plus gros des scorpions que
j'avais recueillis, et sur lequel j'étais parfaitement sûr qu'aucune ablation n'avait été pratiquée. A peine les Aïssaoua l'eurent-ils aperçu,
qu'ils se précipitèrent vers moi avec une ardeur gloutonne. Je laissai
tomber l'animal sur la main du plus empressé. Celui-ci, après avoir
irrité le scorpion de mille manières, le plaça entre ses lèvres, se mit à
le serrer légèrement entre ses dents. Je m'approchai d'assez près pour
acquérir la conviction que le dard n'avait pas été enlevé, et que mon
scorpion était encore armé de tous ses moyens défensifs. Enfin, l'Aïssaoui, après l'avoir excité pendant quelque temps, le mâcha et l'avala. »

En outre, M. Berbruger nous écrivait à la date du
12 novembre dernier :

« Quant à l'immunité contre les reptiles, outre les faits que j'ai racontés dans mon article du 3 avril 1842, *faits que j'ai observés bien
souvent encore depuis* cette époque, je me rappelle un autre de même
genre dont j'ai été témoin en juin 1850 sur la montagne de Taregueraguet (Titery). J'ai vu mon domestique, un coulougli d'Alger, saisir
une *vipère*, la porter à la bouche, malgré mes réclamations, et cracher
dessus. En recevant la salive, l'animal se replia sur lui-même et se tint
coi. Mon coulougli le mit alors sur la poitrine et l'y tint assez longtemps. J'eus beaucoup de peine à le décider à lâcher la bête. Cet homme
appartenait aux Aïssaoua. »

Relativement aux autres exercices observés par M. de Neveu,

nous ne demandons pas mieux que de les considérer, avec ce dernier, comme de pures jongleries, mais à la condition que l'auteur nous donne des preuves convaincantes de ses assertions. Jusque-là, les expériences dont il a été témoin s'élèvent plutôt contre l'interprétation qu'il en tire et ne laissent pas de doute sur la réalité de la plupart des faits en question. Ainsi, à part cette supposition que les Aïssaoua ont soin de se cacher la tête dans les plis du burnous du mokaddem pour rejeter les fragments de verre ou la ferraille qu'ils font semblant d'avaler, M. de Neveu reconnaît, d'un autre côté, qu'ils mettent intrépidement dans leur bouche des scorpions et des « *vipères ;* » qu'ils passent leur langue sur un fer rouge ou le prennent entre leurs mains sans se brûler ; qu'ils sautent sur le tranchant d'un sabre sans se couper les pieds ; qu'ils s'ouvrent les chairs avec des instruments tranchants sans se faire le moindre mal. Ces faits sont avérés pour le témoin dont nous parlons. Ce dont il ne se rend pas compte, ce sont les *moyens secrets* employés par ces fanatiques pour se préserver de tout mal. « Tout cela, — dit-il en propres termes, — est fait avec assez d'art pour que l'on ne puisse saisir les moyens secrets à l'aide desquels ils se préservent de tout mal. » Ainsi l'on ne peut surprendre, en définitive, aucune trace positive de fraude dans la plupart de ces étranges exercices. Comment donc, après cet aveu, témoigner avec certitude de leur imposture ? L'opinion de M. le colonel de Neveu n'a donc que la valeur d'une conjecture qui n'avance en rien la solution attendue.

Nous avons en ce moment sous les yeux une lettre de M. Warnier (datée d'Alger, 4 novembre dernier), dont nous croyons pouvoir citer, sans indiscrétion, le passage suivant qui paraîtra suffisamment explicite :

« Sans aucun doute les Aïssaoua sont principalement des jongleurs, mais ils ne limitent pas leurs exercices à des tours d'adresse et de prestiiligitation... *Incontestablement* ils lèchent des fers rouges avec la langue ; ils sont brûlés, car on entend la crépitation de leur salive sur le feu, on sent même l'odeur de chair brûlée. *Incontestablement* ils marchent sur des plaques de fer rouges, et on ne peut douter que la plante des pieds ne soit atteinte, puisqu'il s'en dégage de la fumée et une *odeur de corne brûlée très-caractéristique ;* les tissus sont atteints, mais il n'y a pas perception de la souffrance. »

Enfin, dans un travail tout récent, M. Charles Brosselard, sous-préfet de Tlemcen (1), confirme la réalité de ces phénomènes. Il rappelle que réellement les Aïssaoua marchent pieds nus sur les charbons ardents, promènent sur leur langue des fers rougis au feu, avalent des morceaux de verre broyés sous leurs dents, se meurtrissent et s'ouvrent les chairs avec des instruments tranchants, tout cela sans témoigner de douleur, et enfin dévorent avec des rugissements féroces les chairs palpitantes de moutons vivants. Et il ajoute :

« *Nous avons assisté plusieurs fois* à ce spectacle barbare et nous en avons emporté, avec un profond sentiment de dégoût, une impression d'ineffaçable tristesse mêlée à la pitié que peuvent inspirer ces aberrations systématiques de l'esprit humain. »

Ces données expérimentales qui ne sauraient être détruites par de simples conjectures en sens contraire, et dont la vérification serait à la rigueur si facile par les représentants de la science dans la colonie algérienne, établissent que le mensonge et la fraude ne sont pas, au moins dans tous les cas, le véritable secret de l'immunité des Aïssaoua. Cette explication serait bien commode sans doute, mais nous ne conseillerons pas au sceptique, même le plus robuste, de faire de sa peau l'enjeu d'un tel argument.

(1) CH. BROSSELARD. — *Les Khouan.* De la constitution des ordres religieux musulmans en Algérie. Alger, 1859.

CHAPITRE DEUXIÈME

ÉTUDE PHYSIOLOGIQUE

IV

Ces phénomènes admis, il convient d'en rechercher la cause naturelle, c'est-à-dire l'interprétation physiologique.

Les conjectures varient beaucoup. Le savant bibliothécaire de la ville d'Alger s'est exprimé de la manière suivante, à cet égard, dans sa lettre, à nous adressée d'Alger le 12 novembre 1861 :

« Ce qui me paraît être la grande cause des divergences dans les opinions européennes sur les Aïssaoua, c'est la différence des circonstances où on les observe. Beaucoup de touristes, qui étudient les choses au vol, font faire des séances d'Aïssaoua pour eux-mêmes, en payant 25 ou 30 francs pour les frais de la séance. Il y a, comme on peut le pressentir, une grande différence entre des réunions de ce genre et celles que les Aïssaoua organisent spontanément et pour eux seuls. C'est seulement dans ces dernières que je les ai étudiés, et c'est ainsi que j'ai acquis la conviction de la réalité des faits et du sérieux des manifestations....

« J'ai souvent regretté qu'il ne fût pas venu ici un observateur vraiment digne de ce nom, c'est-à-dire un observateur aussi peu disposé à tout rejeter *a priori* qu'à tout croire sans examen ; un observateur qui n'arrivât pas sur le théâtre des faits avec la conviction qu'il ne peut rien se produire, rien exister en dehors des lois et des règles connues et approuvées par les corps scientifiques. Un tel homme, s'il s'en trouve jamais, aura une ample moisson à cueillir rien que dans l'ordre de faits qui nous occupe ; et s'il aborde en outre tout ce qui s'y rattache, il aura un champ bien vaste. »

Dans la bouche d'un guide aussi expérimenté, ces paroles méritent considération.

Dans le but de procéder avec quelque méthode dans l'examen d'une question aussi compliquée, il faut considérer à part : en premier lieu, les influences qui peuvent développer, *peu à peu*, chez les Aissaoua, la résistance à la douleur ou l'immunité contre les divers effets virulents et traumatiques ; et, en second lieu, les moyens mis en jeu pour porter *subitement* cette disposition au *summum* de l'intensité exigé par le programme des cérémonies.

V

1° Cette disposition singulière des Aïssaoua, M. le docteur Boudin, dans le travail récent que nous avons cité, la considère comme originelle et innée, c'est-à-dire comme le résultat naturel d'une simple *influence de race*. Mais, comme il est facile de le voir, cette conjecture repose uniquement sur une erreur : les Aïssaoua, ordre religieux recruté parmi les Berbères, les Kóbaïles, les Arabes, les Nègres, les peuplades du Maroc, etc., etc., ne forment ni une race, ni une tribu à part, et rien ne les distingue individuellement des autres populations indigènes de l'Afrique (1). Ce qui a donné lieu, sans doute, à la méprise de notre savant confrère, c'est le passage suivant que contient l'ouvrage de M. L. Figuier sur *l'histoire du merveilleux dans les temps anciens et mo-*

(1) Voy. plus haut la note de M. Mac-Carthy.

dernes (1) : « Dans la province de Constantine, les *Beni-Aïaoussas*, tribu arabe de cette province, etc., etc. » Ce passage contient, on peut le dire, autant d'erreurs que de mots (2). Et l'on peut s'étonner, avec juste raison, que de tels renseignements aient été fournis à M. Figuier par un chirurgien militaire fort distingué, aujourd'hui professeur à l'hôpital du Val-de-Grâce. Quoi qu'il en soit, on ne peut accepter d'aucune sorte l'interprétation de M. le docteur Boudin rapportant à une influence ethnique et à un privilége d'hérédité l'immunité dont il est question.

2° *L'habitude*, cette seconde nature, aurait-elle pour effet d'émousser la sensibilité, chez les Aïssaoua, au point de leur permettre de manger des feuilles de cactus épineux, d'avaler des fragments de verre ou des tessons de bouteilles, de mâcher des charbons ardents, etc., etc.? Dans sa lettre précédente, M. Warnier a soutenu cette thèse. Selon lui,

« Les Aïssaoua mangent des feuilles de cactus épineux et des chardons, mais les chameaux mangent aussi ces plantes sans que leur bouche soit ensanglantée... Le chameau, qui est un animal robuste, habitué à marcher dans le sable, ne peut marcher sur nos routes en hiver; un sur dix périt de douleur. Les Aïssaoua se sont habitués à manger comme le chameau, quand ce dernier n'a pu s'habituer à marcher comme eux. »

Il est de fait que l'organisation de l'espèce humaine se prête, avec une flexibilité que l'on ne retrouve pas chez les animaux, à toutes les accoutumances, et qu'il serait difficile de fixer les limites d'un tel privilége. On a vu des hommes dont la peau était devenue si épaisse et si insensible qu'ils maniaient le plomb fondu et posaient les pieds sur des barres de fer rougies au feu, comme le faisait, — au rapport de

(1) T. III, page 372.
(2) Jusqu'au mot d'Aïssaoua qui est entièrement défiguré.

Virey (1), — un Espagnol qui se disait incombustible, et qui tannait sa peau au moyen de l'acide sulfurique étendu d'eau. « Il est très-commun de voir, — ajoute le même auteur, — à quel degré on supporte les impressions les plus violentes du poivre, du piment enragé, de l'esprit de vin brûlant, jusque-là que les Turcs habitués à l'opium (les *Thériakis*) mâchent du sublimé corrosif pour dégourdir un peu la sensibilité de leur palais; les Kamtschadales et les Groenlandais avalent avec délices l'huilerance des baleines, et boivent comme l'eau notre alcool rectifié. »

Ce sont surtout les sensations spéciales, que modifie la répétition ou la continuité longtemps prolongée des mêmes impressions sur tels ou tels organes. Tout le monde sait aussi combien l'économie se familiarise avec l'action des médicaments parfois les plus toxiques. Il est inutile de citer l'histoire, plus ou moins avérée, de Mithridate qui, voulant se donner la mort pour se dérober à la puissance romaine, employa vainement les poisons auxquels il s'était depuis longtemps habitué. Ce qui est plus certain et démontré d'ailleurs par l'expérience de chaque jour, c'est la facilité avec laquelle certains malades arrivent progressivement à supporter des doses énormes d'opium, par exemple. Il est inutile d'insister sur ces faits.

La répétition fréquente des sensations rudes ou violentes peut donc émousser puissamment la sensibilité. Mais quelque considérable que soit cette influence physiologique sur la sphère des fonctions de la vie animale, il faut ajouter qu'elle a des limites plus étroites pour les phénomènes de la vie végétative. On peut bien, par une longue habitude, émousser la susceptibilité de la peau aux impressions douloureuses produites par un foyer incandescent ou par un instrument tranchant; mais on ne supprime pas, du même coup, les effets de la brûlure ou de la plaie. Enfin, si quelques personnes pré-

---

(1) *Dict. des sciences méd.*, t. XX, art. HABITUDE.

sentent une tolérance marquée pour tels ou tels médicaments à doses élevées, les médecins expérimentés savent parfaitement combien l'on est loin d'obtenir ce même résultat de toutes les idiosyncrasies sans distiction, et quelles suites fâcheuses il en résulte souvent.

Tenons donc compte de l'empire de l'habitude, mais sans en exagérer la portée, au point de trouver, dans cette interprétation, la clef de la plupart des phénomènes qui nous occupent.

3° Qu'il nous soit permis de faire intervenir ici une influence physiologique dont il ne paraît pas que l'on se soit encore avisé, malgré son importance. Nous voulons parler de cet ensemble de moyens modificateurs qui porte, en Angleterre, le nom d'*entraînement*. Personne n'ignore le parti que nos voisins d'outre-Manche tirent de ce système pour l'éducation de leurs boxeurs en particulier, chez lesquels on parvient à développer artificiellement, indépendamment d'autres modifications organiques, une grande résistance vitale en même temps qu'une insensibilité plus ou moins prononcée aux influences traumatiques. Royer-Collard a écrit un mémoire curieux là-dessus (1). Ainsi que le fait remarquer avec sagacité cet hygiéniste, ce n'est pas principalement l'habitude des luttes qui émousse, chez le boxeur anglais, la sensibilité à la douleur physique, car, parmi ces athlètes, le plus jeune et le plus novice présente le même endurcissement aux coups dès qu'il a subi l'apprentissage de l'entraînement ; et, au contraire, le plus expérimenté dans ces exercices, et maintes fois couronné par la victoire, perd la plus grande partie de ses avantages et périt même quelquefois sous les coups d'un rival moins habile (2), faute de s'être préparé d'une manière suffisante aux pratiques de ce régime spécial.

(1) *Organoplastie hygiénique.* In. *Mémoires de l'Acad. de méd.*, t. X, 1843, p. 492 et suiv.
(2) Témoin le célèbre Boswell.

« Une force prodigieuse (dit le professeur que nous venons de nommer), une adresse singulière, *une insensibilité aux coups qui dépasse toute croyance*, et en même temps une parfaite santé, tels sont les phénomènes que nous présentent *ces hommes assurément forts différents des autres hommes*. Comment se sont-ils modifiés? Voilà la question. Est-ce par l'habitude même des combats? On serait tenté de le croire. Ne sait-on pas, en effet, que le corps s'endurcit, comme on le dit vulgairement, aux coups et à la fatigue? Mais, au début, ceux qui s'essaient à ce pugilat pour la première fois ressemblent, sous ce rapport, à ceux qui ont vieilli dans la pratique. Si ces hommes se sont fait, pour ainsi dire, un nouveau corps et de nouveaux organes, c'est par les préparations qu'ils ont subies, par l'éducation spéciale qu'ils ont reçue, par l'*entraînement*, la *condition*, pour parler le langage ordinaire, c'est-à-dire le régime. »

Dans un discours sur le même sujet à l'Académie de médecine (1), Royer-Collard ne craint pas de dire que les résultats de ce système rendent les initiés capables d'efforts *presque surnaturels*, et il ajoute :

« Sous le rapport physiologique, il n'y a rien qui doive surprendre... Que produit-on, en effet, par l'entraînement chez l'homme et les animaux? On modifie, pour ainsi dire, à volonté leur organisation. »

Existe-t-il chez les Aïssaoua un apprentissage plus ou moins analogue à celui de l'entraînement? Nous sommes en droit de le présumer. En effet, chez toutes les sectes musulmanes de l'Algérie, d'après le témoignage de M. de Neveu, « lorsque le mokaddem a reçu un frère, il lui demande quelle spécialité il désire adopter, et, d'après sa réponse, il l'adresse à quelqu'un des frères qui doit l'initier aux jongleries et pratiques qui distinguent cet ordre (2). » Il est vrai que nous ignorons en grande partie ces pratiques. Cependant, M. Ch. Brosselard parle de jeûnes, de veilles, etc., etc., auxquels est

---

(1) *Bulletin de l'Académie de médecine*, t. VII, 1841-42, p. 650 et suiv.
(2) *Les Khouan*, par M. de Neveu, *loc. cit.*, p. 20.

associé l'usage du *haschich* : « Les mokaddems, raconte ce dernier auteur (1), recommandent en général, aux initiés, l'usage du haschich, cette plante aux sucs narcotiques et enivrants, à laquelle l'Orient a, depuis des siècles, décerné le nom d'*herbe des Fekirs* (2). »

On peut donc conjecturer que l'initiation des Aïssaouá se compose d'une série d'épreuves dont la fin est, sans doute, de familiariser les adeptes avec les pratiques auxquelles ils sont destinés. Mais, tout en faisant la part la plus large possible aux modifications organiques ou fonctionnelles qui résultent de l'habitude et de l'entraînement (3), il est certain que les Aïssaoua eux-mêmes ne comptent pas outre mesure sur cette double influence et qu'ils ont soin de recourir à d'autres moyens au moment de se livrer aux exercices périlleux des *h'ddras*.

(1) *Loc. cit.*, p. 28.

(2) Les membres des associations religieuses chez les musulmans prennent aussi le nom de *fekirs* (pauvres).

(3) Sur l'entraînement, cfr. la thèse de M. le docteur Defrance, en 1859, et encore un récent mémoire de M. le professeur Bouchardat, inséré dans le *Supplément à l'Annuaire de thérapeutique* pour 1861, page 181, sous le titre : *Entraînement des pugilistes*. On y trouvera d'intéressants extraits du traité de Sinclair sur ce sujet (*Principes d'hygiène*, trad. par Odier; Genève, 1810), et une traduction d'un annuaire anglais (*Fistiana*) pour 1835.

Voici pour les moyens employés :

« Quant aux moyens par lesquels on dresse les élèves (pugilistes), c'est au fond par une grande sobriété, par des exercices gradués fréquemment réitérés dans un air aussi pur que possible, par des frictions, par des bains froids, une grande propreté, qu'on réussit en très-peu de temps à les rendre tels qu'on les désire... » SINCLAIR.

Sur la nécessité de l'entraînement avant la lutte :

« Il est aussi difficile... de faire une digue dans le détroit de Gibraltar avec des pains à cacheter que d'entrer dans la lice sans éducation. Ce n'est pas une exagération. » (*Fistiana*, Journal des boxeurs. Lond., 1835.)

VI

Ces moyens, qu'il est à peine nécessaire de rappeler, se résument dans le *djedâb*, c'est-à-dire dans cette danse désordonnée et convulsive, avec balancement, de plus en plus violent, de la tête et de la partie supérieure du corps, au bruit d'énormes tarboukas dont le rhythme, d'abord lent et lugubre, s'anime par degrés avec une sorte de furie. A mesure que l'Aïssaoui accomplit sa danse forcenée, « on voit le sang monter à sa figure, gonfler les veines de son cou, sur lequel elles se détachent en relief comme une corde tendue; le souffle ne passe plus qu'en sifflant à travers la gorge comprimée... (1). » Enfin, « par la persistance du chant, du tambour et de l'oscillation, le paroxysme de l'exaltation touche à son comble, le désordre nerveux, traduit en sanglots, en roideurs tétaniques, en contorsions étranges, convulse ces membres disloqués et ces figures qui n'ont plus rien d'humain (2). » C'est alors que les Aïssaoua atteignent le degré d'orgasme nécessaire pour affronter les terribles épreuves dont le lecteur connaît assez le récit.

Dans cette scène vertigineuse, il est difficile et superflu d'analyser particulièrement le résultat qu'on doit attribuer au bruit retentissant du tambourin, à l'agitation désordonnée du corps, aux extatiques invocations de la prière, à l'inhalation des parfums enivrants, à l'automatisme de l'imitation; et il suffit d'observer que, si la réalité de chacune de ces influences étudiées isolément ne peut être contestée, à plus forte raison faut-il tenir compte de leur simultanéité d'action, qui doit multiplier la somme des effets acquis.

(1) Relation de M. Bellemare. *Loc. cit.*
(2) Voir la narration de M. Th. Gautier.

Quoi qu'il en soit, la perturbation imprimée par le djedâb aux centres nerveux est un fait manifeste.

L'on a cherché à assimiler cet état d'orgasme à d'autres désordres de l'innervation de cause externe ou de cause interne.

1° Parmi les premiers, quelques auteurs ont comparé la commotion nerveuse qui nous occupe à l'*état anesthésique* suscité par l'inhalation de l'éther. Suivant M. Warnier (1),

« Il est incontestable que sous l'influence d'une musique infernale, d'un système particulier qui modifie le sens de l'ouïe; sous l'influence de parfums les plus surexcitants, brûlés sous le nez des entraînés et qui doivent perturber profondément l'odorat; sous l'influence des contorsions répétées pendant plusieurs heures, qui troublent la puissance musculaire au point que l'homme le plus robuste tombe dans un état épileptiforme; il est incontestable, dis-je, que toutes les perceptions de l'homme sont tellement modifiées, qu'il peut, *sans douleur*, subir les épreuves que ne subiraient pas d'autres hommes dans l'état ordinaire. »

Et plus loin :

« Il est certain que nous faisons d'autres miracles avec l'éther et le chloroforme. Les parfums doivent jouer le rôle d'*anesthésiques*. »

L'anesthésie est aussi l'interprétation de M. Mac-Carthy :

« J'ai assisté très-attentivement (nous écrivait ce savant au mois d'août de l'année dernière) à de très-nombreuses séances d'Aïssaoua, j'ai suivi leurs mouvements avec une ténacité qui finissait par les importuner, ce qui m'embarrassait fort peu, et j'ai fini par reconnaître qu'ils *souffraient*. J'ai vu, jusque sur les visages les plus bronzés, passer les pâles frémissements de la douleur. C'est qu'en effet ils n'ont pu la supprimer totalement. Ils l'ont seulement amoindrie par un *procéd é*

____

(1) Lettre citée plus haut.

anesthésique. Au moyen d'une danse forcenée, de mouvements violents, d'un balancement précipité de la partie supérieure du corps au-dessus d'un brasier ardent, dans lequel on jette un encens grossier dont les aromatiques vapeurs les enveloppent de leur nuage épais, pendant qu'une musique assourdissante les excite par son rhythme précipité, ils arrivent à une *insensibilité presque complète...* »

Les observateurs que nous venons de désigner n'entendent pas établir une véritable similitude entre l'état nerveux des Aïssaoua, pendant les *h'âdras,* et celui de nos opérés soumis à l'influence de l'éther, de l'amylène ou du chloroforme. Sans insister sur ce parallèle, nous devons rappeler que les agents anesthésiques usités en chirurgie ont pour premier effet de suspendre *d'une manière synergique* l'action des forces animales, c'est-à-dire, non-seulement la sensibilité, mais encore l'intelligence et le mouvement volontaire ; et que si, dans ces circonstances, l'inhalation de ces mêmes agents est continuée au delà de certaines limites, les forces vitales, c'est-à-dire les fonctions de la respiration et de la circulation, s'interrompent à leur tour. Or, rien de pareil, on l'a vu du reste, ne s'observe dans les manifestations physiologiques des Aïssaoua, et l'on peut même ajouter qu'il y a un singulier contraste entre la sidération musculaire dans l'anesthésie produite par l'éther ou le chloroforme, et l'agitation violente, les contractions désordonnées, enfin la prodigieuse furie de mouvements auxquels se livrent les frénétiques dont nous parlons.

Même dans le cas où nous obtenons l'anesthésie pure et simple, c'est-à-dire l'absence *locale* de la douleur par l'effet de certains topiques (tels que l'éther ou le chloroforme camphrés, l'acide carbonique ou acétique, par exemple), en dehors de toute lésion de la sensibilité générale, de la conscience et du mouvement volontaire ; même dans ce cas, dis-je, la partie anesthésiée conserve sa réceptivité propre aux actions traumatiques ; l'état anesthésique n'a pas le don, par lui-même, d'en neutraliser les suites et d'en modifier les effets.

Ainsi, l'insensibilité physique des Aïssaoua n'a ni les mêmes effets ni le même mécanisme que l'anesthésie produite par les divers agents dont nous venons de parler.

Cette explication n'est donc pas suffisante, de l'aveu implicite des personnes elles-mêmes qui l'ont proposée, puisqu'on les voit revenir à d'autres conjectures pour interpréter la diversité des phénomènes observés sur les Aïssaoua.

2° Ainsi, M. Mac-Carthy, le premier, dans la note manuscrite qu'il a bien voulu nous adresser, cherche à se rendre compte de l'innocuité du contact des pelles rougies au feu avec la langue, par la théorie de l'*état globulaire* de la salive.

« Ils (les Aïssaoua) balancent un instant ces pelles en l'air pour les refroidir un peu, et ils les passent ensuite sur leur langue, mise en partie à l'abri par une salivation abondante, et ils répètent ce jeu jusqu'au moment où leur bouche asséchée rendrait le contact insupportable. Ces braves gens-là avaient découvert l'*état globulaire des liquides* mis en contact avec les métaux rouges, bien avant que l'on en expliquât la théorie, et ils en usaient. Car tel est tout simplement le motif de la peine qu'ils se donnent avant de commencer leurs exercices par les pelles rougies. »

D'accord ; mais l'état globulaire ou sphéroïdal n'explique pas comment les plus fervents de ces fanatiques se couchent, par exemple, suivant l'observation d'un témoin, sur des lits de braise comme sur des lits de roses.

3° Faut-il rapporter plutôt l'état des Aïssaoua aux désordres nerveux de cause interne, tels que l'hystérie, la chorée, la catalepsie, etc., etc.? Aucun médecin n'aura cette pensée, bien que les Aïssaoua, dans leur état de surexcitation violente, puissent offrir des phénomènes convulsifs, choréiques, cata-

leptiques, etc., etc., les plus variés et en même temps les
plus contradictoires.

Encore qu'est-ce donc que cet état?

4° L'apparence quelque peu merveilleuse qu'il présente a
conduit M. L. Figuier à en demander l'explication au magnétisme. Selon cet écrivain, l'état *magnétique* ou *hypnotique* (1),
comme on voudra l'appeler, est la véritable raison des faits
mystérieux qui sont en cause.

Après avoir rapporté une exhibition publique, assez incom-
plète, des Aïssaoua, sur la place du marché à Constantine,
voici comment il explique leurs cérémonies :

« Dans cette scène étrange, qui rappelle en plus d'un point celles
qui se passaient au baquet de Mesmer, on ne peut voir que les effets d'un
état *hypnotique* produit par un moyen particulier. »

Mais cette interprétation, qui répond à la question par la
question, est loin d'écarter la difficulté. Qu'est-ce, en effet,
que l'état magnétique? La science moderne en reconnaît-elle
la réalité? Tout le monde sait bien que non. Singulière pé-
tition de principes! s'écrie avec raison M. E. de Mirville (2) :
« On explique tous les prodiges par le magnétisme, et lorsqu'il s'agit de magnétisme, on le nie contre toute évidence. »
Or, M. L. Figuier connaît, aussi bien que nous, l'horreur que
ce fantôme inspire à nos savants. On peut s'en rapporter à
ses propres paroles :

« Dans les premiers mois de l'année 1860, un élan remarquable entraînait les médecins de tous les pays à l'examen expérimental de
l'hypnotisme, qui ne s'était montré jusque-là que par son côté chirur-

(1) L'*hypnotisme* est la plus récente phase du magnétisme animal, dont
les *crises* de Mesmer, le *somnambulisme artificiel* de M. Puységur et la *catalepsie* de M. le docteur Petetin constituent autant de phases particulières et
successives.

(2) E. DE MIRVILLE. *Les esprits et leurs manifestations fluidiques.* 2e édition.

gical. Lorsqu'une observation plus attentive eut conduit à reconnaître
que l'hypnotisme n'était, au fond, que le magnétisme animal, cette hé-
résie, si souvent frappée par les foudres académiques, un véritable sentiment de répulsion s'est manifesté dans le corps médical contre tout
nouvel examen de ce phénomène. On a été pris de tardifs regrets ; on
aurait voulu pouvoir arracher cette page de l'histoire contemporaine ;
on s'est frappé la poitrine pour avoir laissé le magnétisme animal s'in-
troduire, sous un faux nom, dans le sanctuaire scientifique. C'est ainsi
que l'homme de la fable rejette avec horreur le serpent engourdi par
le froid, qu'il a ramassé sur son chemin, le prenant pour un bâton. »

Il est vrai que, d'après notre auteur, le magnétisme animal
n'est pas un serpent. Du moins il prend bien soin de le dé-
pouiller de tout venin. Quelque louable que soit l'intention
de cet habile chimiste, en ramenant le somnambulisme artificiel
à un rôle purement physiologique, c'est-à-dire à des conditions entièrement naturelles, pouvant se résumer dans l'exaltation passagère des sens et des facultés intellectuelles, encore
est-il fort arbitraire à lui de faire un choix parmi les faits qui
ressortissent à ce domaine, et de rejeter, *à priori*, comme indignes de toute créance, ceux qui ne rentrent pas dans ces
faciles explications (1). Mais sans entrer ici dans une discussion
d'autant plus inutile que M. L. Figuier ne paraît pas avoir
lui-même une idée bien nette du magnétisme animal (car
tantôt il le regarde comme un simple état *physiologique* des
sens externes et de l'intelligence (2), tantôt comme le résultat
d'un trouble *pathologique* du *cerveau* (3), tantôt comme un
sixième sens, à la façon de Mesmer (4), tantôt comme un
effet de l'intervention de l'*âme humaine* (5) ; sans entrer,
dis-je, dans la discussion à ce sujet, il nous suffit de remar-

(1) « On ne saurait *évidemment* admettre, dit M. Figuier, que le som-
nambule magnétique puisse voir à travers l'épaisseur des corps opaques,
qu'il puisse transporter au loin ses sens ou sa science, » etc., etc. (*Loc. cit.*,
p. 389.) — C'est là justement toute la question.
(2) *Loc. cit.*, III. vol., p. 388 et 89. — (3) *Id.*, p. 381. — (4) *Id.*, p. 402.
(5) *Id.*, p. 402.

quer que si l'état singulier de *lucidité* et de *suggestion* magnétiques n'est autre chose que le résultat du développement
accidentel des principaux sens et de la suractivité passagère
de l'intelligence, on ne voit plus trop quel motif d'invincible
répugnance pour l'examen expérimental de cette question
resterait désormais aux Académies.

Or, c'est précisément en dépouillant le magnétisme animal
de ces manifestations étranges qui semblent dérouter les lois
de la physiologie actuelle et confondre les visées de la science
moderne, qu'il devient difficile de rapporter à cette influence
plusieurs des phénomènes remarqués chez les Aïssaoua. L'on
peut bien admettre que les manœuvres auxquelles ces derniers
se livrent engendrent une surexcitation nerveuse violente,
qui se traduit par des désordres plus ou moins variés, plus
ou moins intenses dans la sensibilité et les mouvements;
mais nous ne comprenons plus comment cette surexcitation
nerveuse, si elle est renfermée dans la sphère des fonctions
physiologiques, possède néanmoins, relativement à certains
phénomènes, « le privilége de rompre les barrières communes
que la nature a imposées à l'exercice de nos facultés. »

Donc, l'explication de M. Figuier n'en est point une;
elle nous emprisonne, sans profit, dans une double impasse :
ou bien il convient d'admettre l'état magnétique avec les faits
insolites et variés qu'il comporte, en dépit de la science officielle qui n'en tient aucun compte; ou bien il faut recourir à
des restrictions arbitraires qui laissent en dehors du débat la
meilleure partie des faits observés.

D'ailleurs, l'état magnétique lui-même ne rend pas un compte
suffisant, chez les Aïssaoua, de quelques phénomènes fort
insolites,—s'ils sont bien avérés,—tels que la possibilité de
sauter sur le tranchant d'un sabre sans se couper les pieds, ou
de lacérer avec la pointe d'un yatagan le tégument externe,
d'où le sang jaillit et où cependant la trace de toute bles-

sure disparaît aussitôt. Enfin, si l'hypnotisme peut servir, à la rigueur, à expliquer la fascination des serpents par le regard dominateur de l'homme, il ne nous donne pas la clef de l'immunité contre les venins, quand les venins sont inoculés par la morsure des reptiles, en admettant toujours que ce fait reste bien et dûment démontré (1).

(1) Personne n'a jamais exprimé avec plus de bon sens et de bonheur la vérité sur le magnétisme (dans le domaine de la science comme dans celui des lettres) que l'illustre marquise de Créquy, contemporaine de Mesmer et témoin de ses premières expériences. Bien que la citation soit un peu longue, je ne puis résister au désir de la placer sous les yeux du lecteur :

« ... Nous fûmes témoins de plusieurs autres phénomènes dont on a dressé procès-verbal, et vous en trouverez copie dans mes papiers ; mais les membres de la Faculté de Paris ne voulurent pas en entendre parler ; ils ont toujours pour les cataleptiques une abomination sans égale, attendu qu'ils ne savent qu'en dire, et parce que les docteurs ne doivent ignorer de rien.

« Les phénomènes du magnétisme ne sont pourtant pas moins avérés que ceux de l'état cataleptique et du somnambulisme, et ceux-ci n'ont d'autre avantage sur celui-là que d'avoir été connus des naturalistes anciens, ce qui fait que les docteurs modernes n'osent pas s'inscrire en faux contre la notoriété publique et sempiternelle.

« Mais la découverte du magnétisme est récente, et voilà pourquoi les savants proprement dits ne veulent pas convenir de sa réalité. Je ne parle ici que pour son existence et non pas en faveur de son utilité, prenez-y bien garde et résumons-nous. La plus grande partie des humains n'est pas accessible aux effets du magnétisme. L'application magnétique et directe est plus souvent nuisible aux malades qu'elle ne leur est salutaire. Tous les individus qui sont organisés de manière à recevoir l'impression du magnétisme ne sont pas susceptibles d'entrer en état de somnambulisme. Tous les somnambules magnétiques ne parlent pas ; tous ceux qui parlent ne sont pas clairvoyants : la plupart de ceux qui distinguent leur état avec lucidité n'ont pas la même aptitude en faveur des autres malades ; enfin, les somnambules les plus clairvoyants ne le sont pas toujours, et les somnambules qui font payer leurs consultations ne sont pas toujours de bonne foi. Le peu que je viens de vous dire, au sujet de ces trois phénomènes de la catalepsie, du somnambulisme et du magnétisme, est tout ce que j'en sais ; mais je suis persuadée que ceux qui chercheraient à vous les expliquer n'en sauront pas davantage.

« Il faut savoir ignorer, mon fils ; il faut s'y résigner humblement avec un sentiment de résolution soumise ; il faut savoir dire à son intelligence humaine, ainsi que l'Éternel à l'Océan révolté : — « Tu n'iras point par-« delà ces remparts de rocher où j'ai marqué ta limite ; ici tu briseras « l'orgueil de tes flots. » *Souvenirs de la marquise DE CRÉQUY, t. V, 1834.*

VII

Nous avons parcouru la série des conjectures proposées relativement au sujet qui nous occupe. De la discussion précédente on peut conclure, ce nous semble, au point de vue physiologique : d'une part, que le régime spécial de l'initiation et une longue habitude des pratiques auxquelles ils se livrent diminuent à un certain degré, chez les Aïssaoua, l'aptitude à la sensibilité physique, et d'autre part, que les divers moyens dont il font précéder leurs épreuves dans les *h'âdras* déterminent sur les centres nerveux une perturbation d'une nature toute particulière, susceptible de modifier ou même de neutraliser accidentellement la source des sensations normales et l'expansion harmonique de l'activité musculaire. Cet état diffère de celui que produisent les agents anesthésiques ou certaines névroses essentielles ; mais nul doute qu'il ne soit la condition instrumentale, sinon l'explication absolue, de plusieurs phénomènes qui semblent réfractaires aux lois de la physiologie.

Jusqu'à quel point la perturbation des centres nerveux a-t-elle la puissance d'enrayer le mécanisme régulier des lois ordinaires, d'empêcher, par exemple, l'absorption des venins ou d'en neutraliser les effets toxiques ? C'est là ce que nous ignorons à peu près entièrement.

Il y a là tout un horizon nouveau pour la physiologie pathologique, un horizon que l'on peut entrevoir, mais qui ne nous est pas connu. Toutefois, la science n'est pas sans quelques informations là-dessus. Ne sait-on pas que, dans certaines maladies, les fonctions naturelles ou végétatives sont plus ou moins enrayées : par exemple, pendant la période *algide* du choléra-morbus, dans laquelle l'absorption paraît momentanément suspendue, et les médicaments présentés à la peau ou portés à l'intérieur du tube digestif sont pour ainsi dire sans force et sans vertu (1)? Nous ajoutons que, dans les formes *ataxiques* des fièvres typhoïdes, on voit se reproduire très-fréquemment cette sorte de stupeur des organes de l'absorption et cette impuissance d'une réaction organique sous l'influence des médicaments aux doses les plus élevées (2). Il en est sans doute de même pour d'autres maladies qui atteignent les foyers de l'émanation nerveuse présidant aux actes intimes des fonctions naturelles. Beaucoup d'agents toxiques nous semblent agir de la même manière.

Mais il faut, s'il est possible, aller plus loin.

Ainsi, d'après des témoignages récents (3), il paraîtrait que l'ivresse alcoolique entrave réellement dans ses effets morbides la morsure des serpents venimeux. Dans les contrées de l'extrême Orient, au récit de quelques voyageurs, les naturels se préservent des effets terribles du virus rabique par une sorte d'empoisonnement provoqué à l'aide des graines du *datura stramonium* (4), dont l'action détermine une sorte de rage artificielle, mais relativement sans gravité. Ces faits, nous l'avouons sans peine, ont besoin

---

(1) Voir à ce sujet notre mémoire *Sur l'absorption des médicaments dans la période algide du choléra épidémique.* (*Art médical*, 1854, t. I.)

(2) Par exemple, l'ingestion des purgatifs les plus énergiques qui n'est point suivie de ses résultats ordinaires.

(3) Un naturaliste de Manille, M. de la Gironnière, a adressé à l'Académie des sciences l'observation d'un indigène mordu par un serpent de l'espèce la plus dangereuse et guéri par l'ingestion d'une bouteille de vin de coco (alcool de 14 à 16°). « J'avais entendu dire, — ajoute ce naturaliste, — que l'alcool pris jusqu'à produire une ivresse profonde était un spécifique contre la morsure des serpents; maintenant j'en ai une preuve convaincante. » — M. le docteur Tissehre a expérimenté avec succès comme antidote à la morsure de la vipère cornue le suc d'une euphorbe (*Euphorbia gypsonicha*).

(4) Nous tenons cette assertion de M. le général d'Orgoni, qui a longtemps résidé chez les Birmans.

d'une démonstration plus complète. Mais si une étude plus approfondie met leur réalité hors de doute, s'il est reconnu que l'absorption du virus et des venins peut être modifiée dans ses résultats délétères sous l'influence de quelque perturbation spéciale des centres nerveux, on entrevoit toute la lumière qui jaillit de ces perspectives et la portée pratique de ces rapprochements. Peut-être, relativement au cas qui nous occupe, le *djedâb* des Aïssaoua produit-il quelque effet de nature analogue.

On nous permettra donc, avant de passer outre, d'insister, d'une part, sur l'analogie que nous avons établie entre la perturbation nerveuse déterminée chez les Aïssaoua par les *h'adrds* et certains phénomènes de l'alcoolisme; et d'autre part, sur les effets antidotiques de l'alcool et d'autres substances congénères relativement aux venins des serpents.

Sur le premier point, personne n'ignore que l'alcool (1) et ses dérivés (2) produisent assez souvent une forme de l'ivresse que l'on nomme *ivresse convulsive*, qui mérite bien le mot de Plutarque : « L'ivresse loge avec elle la folie et la fureur. » — Percy et Laurent en ont tracé en quelques lignes l'énergique tableau (3) :

« On a dit que l'ivresse faisait descendre l'homme au degré de la brute : l'ivresse convulsive est plus affreuse; elle le rend semblable aux bêtes féroces; elle lui en donne la force, les agitations, l'aspect, et jusqu'à la cruauté. Il faut enchaîner, comme elles, celui qu'elle attaque, pour se mettre à l'abri de ses fureurs, et le défendre contre ses propres

(1) Surtout lorsqu'il est sophistiqué avec certains aromates tels que le poivre, le pyrèthre, ou mélangé avec la chaux, le laurier-cerise, etc.

(2) L'esprit de blé, de genièvre, de riz, de maïs, de manioc, d'arum, etc., les bières additionnées d'ivraie, de myrica, d'asarum, etc., etc. ; le cidre mal fermenté, etc., etc.

(3) *Dictionnaire des sciences médicales*, t. XXVI, p. 249. Paris, 1818.

attentats. Dix hommes peuvent à peine se rendre maître de cette espèce de forcené. Son regard est farouche, ses yeux étincellent, ses cheveux se hérissent, ses gestes sont menaçants; il grince des dents, crache à la figure des assistants, et, ce qui rend ce tableau plus hideux encore, il essaye de mordre ceux qui l'approchent, imprime ses ongles partout, se déchire lui-même, si ses mains sont libres, gratte la terre s'il peut échapper, et pousse des hurlements épouvantables.

« À ces secousses violentes succèdent quelques instants de calme, pendant lesquels la pâleur de la face et l'obscurité du pouls semblent amener une fin prochaine. Ensuite la scène se renouvelle, et cet état, auquel on a vu les malades succomber dans les vingt-quatre heures, en dure au moins huit ou dix, quels que soient l'efficacité et le choix des moyens qu'on lui oppose. Sa terminaison spontanée est beaucoup plus tardive, etc., etc. »

On a vu, dans ces cas, les convulsions produire une roideur tétanique, au point de faire craquer toutes les articulations, et de les menacer d'une dislocation générale. Cette perversion musculaire, avec le délire momentané qui l'accompagne, ne ressemble-t-elle pas à celle que nous ont offerte les Aïssaoua s'agitant avec une frénésie enragée et des rugissements féroces, les yeux étincelants et hagards, les prunelles renversées, en proie à des convulsions tétaniques, et tombant ensuite lourdement çà et là pour s'endormir d'un sommeil inerte et comateux?

D'autres substances, qu'il est à peine utile de mentionner, telles que le chanvre des Indiens, l'ivraie, l'hellébore, la coque du Levant, le daphné, la jusquiame, le stramonium, l'aconit, la ciguë, la belladone, certains champignons et les huiles empyreumatiques, telles que la térébenthine prise à forte dose, etc., etc., possèdent, parmi leurs effets les plus constants, celui de produire un état d'ivresse plus ou moins semblable à celle des composés alcooliques; mais ce que nous devons rappeler ici, c'est que les poisons reptiliens occasionnent eux-mêmes une pareille exaltation du système nerveux, le délire et les convulsions les plus violentes.

On peut donc reconnaître quelque similitude apparente, au point de vue dynamique, entre les faits des Aïssaoua d'une part et les phénomènes de l'intoxication alcoolique et de l'inoculation des venins d'autre part.

Cela posé, il est intéressant d'établir l'état d'antagonisme qui paraît exister entre les effets de l'alcool et ceux du poison des serpents. Le fait communiqué par M. Jules Cloquet à l'Académie des sciences de la part de M. de la Gironnière, de Manille, ne laisse aucun doute à ce sujet. M. Fumouze a publié, dans un recueil de médecine, une note (1) à l'appui de cette communication. Ce pharmacien distingué de Paris rappelle qu'on a l'habitude, en Amérique, de faire boire, dans un temps très-court, aux nègres mordus par des serpents, un litre d'alcool; après cette ingestion, le nègre tombe comme une masse, s'endort, transpire et s'éveille frais et dispos. Mais le témoignage le plus complet à cet égard est celui de M. le professeur Imbert-Gourbeyre. Notre savant ami a démontré, avec son érudition accoutumée, que ce traitement américain contre la morsure des serpents repose sur une tradition qui remonte aux premiers temps de la médecine. Nous ne pouvons mieux faire que de citer ici quelques extraits de son travail (1) :

« ... Cette tradition première de l'usage du vin contre les poisons reptiliens a toujours vécu à côté de celui de la thériaque, jusqu'à ce que ces deux substances, souvent administrées ensemble, aient été remplacées dans la pratique par l'ammoniaque, à partir du siècle dernier. Cependant, au témoignage du professeur Folchi, on administre encore à Rome, à l'hôpital du Saint-Esprit, pour traiter la morsure de la vipère, la thériaque dissoute dans du vin : — « Qua assumpta, ægrum copioso « sudore madidum atque incolumem sæpius spectavimus. » (Folchi,

(1). *Moniteur des sciences*, 30 avril 1861.

(2) *Note sur l'alcool comme antidote du poison des serpents*, par M. le Dr Imbert-Gourbeyre, professeur à Clermont-Ferrand. *Moniteur des sciences*, 9 mai 1861.

Materia medica, 1841.) — Sachons gré à Rome d'avoir conservé cette tradition de plus.

« Quoi qu'il en soit du règne actuel de l'ammoniaque, on trouve encore, même de nos jours, quelques traces de la méthode antique.

« Mérat et Delens disent qu'on a surtout recours à l'alcool dans les cas de faiblesse… et dans le but de prévenir l'absorption d'un venin. *Dict. univ. de matière médicale*, art. *Alcool*.)

« M. Grisolle conseille dans son *Traité de pathologie* l'usage du vin pour combattre les accidents dus à la morsure de la vipère.

« Parmi les nombreux traités de matière médicale allemande de date récente, je ne trouve que celui d'Œsterlen qui fasse mention du traitement alcoolique (*Handbuch der Heilmittellehre*, Tübingen, 1856); il affirme qu'en Italie, dans l'Amérique du Nord et ailleurs, c'est un usage populaire d'enivrer avec de l'alcool les gens mordus par des serpents venimeux…

« On lit aussi dans l'histoire *du Climat et des Maladies du Brésil*, par Sigaud (1844), que, dans cette contrée, les guérisseurs des morsures de serpents, entre autres remèdes, ont l'habitude de frictionner tout le corps avec de l'alcool, au moindre tremblement… »

L'auteur termine cette intéressante notice en faisant remarquer que, depuis les temps les plus reculés, l'empoisonnement reptilien a été surtout traité par trois substances, l'opium, le vin et l'ammoniaque (1); et que ces trois médicaments, appartenant évidemment par l'ensemble de leurs systèmes à la même famille, *espèces semblables* d'un même groupe, sont néanmoins *antagonistes* les uns des autres. Pour me servir de la juste expression de l'auteur, ce sont des frères ennemis.

Cet antagonisme des poisons avait déjà frappé le célèbre toxicologiste romain Zacchias, qui l'expliquait par une sorte d'antipathie naturelle (2); mais c'est Samuel Hahnemann qui

______

(1) « L'application de ce dernier agent, — dit-il, — est aussi d'origine antique, puisqu'on voit recommandé dans Dioscoride le fumier de chèvre, *fimus caprinus*, en cataplasme sur la plaie. »

(2) « Ratio ejus rei est quia venenorum inter se quædam antipathia est quæ se mutuo expellunt ac vincunt. » ZACCHIAS, *Quest. med. leg.*, quest. X, p. 79.

en a déterminé la véritable loi. C'est cette loi qui nous permet
de saisir dans la composition du monstrueux électuaire in-
venté par Andromaque, médecin de Néron, la convenance
de l'une de ses applications particulières contre les venins (1) ;
de même que nous pouvons y rattacher l'action antidotique
de l'euphorbe, dont l'efficacité a été éprouvée par M. le
docteur Tisseire contre la dangereuse morsure des vipères
cornues.

En comparant les troubles nerveux de l'ivresse alcoolique
avec ceux qui ont été observés chez les Aïssaoua, nous n'en-
tendons faire qu'un simple rapprochement dont il faut se
garder d'exagérer les conséquences. Mais on peut se demander si l'immunité des charmeurs de serpents ne serait
pas tout simplement l'effet de quelque antidote susceptible de
préserver l'économie de la malignité des venins. Telle est au
moins la conjecture que l'on entend dans le vulgaire émettre
volontiers.

Parmi les remèdes internes qui jouissent de la propriété
bien constatée de combattre les effets du poison reptilien (2);
il n'en est guère qu'un, à notre connaissance, sur lequel il
existe à peine quelques renseignements propres à accréditer

(1) On sait que « le nom de *thériaque* vient de θηρίον, bête venimeuse,
soit à cause des vipères qui entraient dans sa composition, soit parce qu'elle
est regardée comme utile contre la morsure des bêtes venimeuses. » CADET
DE GASSICOURT, *Dict. des t. méd.*, t. LV, p. 90. Toute l'antiquité a admis,
—sans démonstration certaine,—la vertu antidotique de la chair de vipère
contre son propre venin : on trouve dans J.-M. Fehr, d'après Galien :
« Quin et *vipera* ipsa adversus se ipsam antidotus est præstantissima, cum
pleraque venena sibi ipsi aliisque sui generis venenis sint venena, φάρμακα
φάρμακον φάρμακα, et ubi virus, ibi virtus ; ubi morbus, ibi et remedium ;
ubi mors, ibi et vita, sapientissimo Dei consilio, reperiantur... » Cité d'après
M. le Dr RAVEL, *Rev. tal.*, janv. 1862.

(2) Le *polygala* de Virginie, l'*aristolochia serpentaria* et *anguicida*, la
racine du tulipier, l'*ophiorrhiza mongos*, l'*euphorbia bryoniana*, l'arsenic, etc.
Au sujet du polygala, le capitaine Carver rapporte que, dans l'Amérique
septentrionale, les Indiens sont tellement convaincus de la vertu de cette
plante que, moyennant une légère dose de liqueur spiritueuse, ils se laissent
mordre, en tout temps, par un serpent à sonnettes.

sa vertu préventive, le *mikania guaco* d'Amérique (1), qui guérit non-seulement les plaies faites par les morsures des crotales et s'oppose au développement des accidents convulsifs, mais encore qui empêcherait, dit-on, les serpents de mordre. Ce n'est pas que d'autres substances curatives ne possèdent peut-être ce don prophylactique, problème qu'il serait intéressant de soumettre à de nouvelles expériences; mais, dans l'état actuel de la science, on ne peut réellement affirmer rien de précis à cet égard. D'après M. le colonel Bory de Saint-Vincent (2), des bateleurs de la Morée prétendent connaître « une herbe » dont il faut avoir mâché pour être à l'abri de toute morsure, — témoignage assurément fort équivoque. Et, d'après Lane (3), les psylles égyptiens, pour se préserver de toutaccident, se frottent le corps avec un onguent contenant de la poudre de vipère, — formule assez peu sûre qui ne les empêche pas d'être quelquefois victimes de la morsure de leurs serpents à lunettes.

C'est donc une pure conjecture que d'attribuer l'immunité des charmeurs de serpents à la vertu préventive de quelque remède spécial; car il n'existe aucun témoignage propre à le démontrer.

Laissons toutefois le chapitre des conjectures toujours ouvert aux progrès de la science. En attendant, le moraliste réclame d'autres satisfactions.

(1) Plante de la vallée du Rio de la Magdalena dans la Nouvelle-Grenade, décrite par MM. de Humboldt et Bonplan.
(2) *Encyclopédie méthodique*, t. XXV. Paris, 1851.
(3) Voy. Gœrres, cité un peu plus bas.

CHAPITRE TROISIÈME

VIII

Le lecteur a pu s'apercevoir facilement qu'il n'y a pas seulement un problème de simple curiosité à satisfaire ou de pure physiologie, à résoudre dans cette étude sur les Aïssaoua. La science, — c'est-à-dire l'ignorance qui se connaît, — n'a pas la prétention de dissiper tous les nuages qui planent sur leurs mystères, ni d'absorber tout l'intérêt de la question. La tâche du moraliste est plus élevée, son horizon plus vaste. Ses investigations ne s'arrêtent pas aux limites du monde sensible. Le domaine du merveilleux ne l'effraye point. Il est vrai que, sur le terrain où nous allons entrer, le prestige de l'imagination a semé, de tous temps, plus que des merveilles. Est-ce une raison pour suivre l'exemple de ces déclamateurs qui s'insurgent contre les faits dont l'existence ou l'explication leur déplaît, au risque de sacrifier une partie de la vérité à leurs préjugés ou à leur orgueil ? Il est, à notre sens, plus philosophique d'apprécier ces faits en connaissance de cause que de leur opposer d'avance des fins de non-recevoir systématiques et des réfutations dérisoires. « Ceux-là, — dit Plutarque, — brisent toute philosophie qui rejettent les faits merveilleux. » Notre devoir est de leur donner place au soleil, non de les admettre en toute confiance ou de les repousser sans examen.

L'histoire de la secte des Aïssaoua nous offre à considérer son origine, son organisation, ses rapports avec les autres affiliations religieuses de l'Orient, et, sous sa forme mystique, le but politique qu'elle poursuit.

IX

Parmi les ordres religieux (1) qui ont acquis le droit de cité dans le nord de l'Afrique, celui des Aïssaoua doit être placé en troisième ligne, — dit M. Ch. Brosselard (2), — moins à cause du nombre de ses adeptes, qui est restreint, qu'à raison de son ancienneté. Sa fondation remonte à Sidi-Mohammed-ben-Aïssa, fameux marabout qui vivait à Meknès dans l'empire du Maroc, il y a environ trois cents ans. Voici, — d'après la tradition musulmane, — quelques extraits de la légende de ce fondateur :

« ... C'était (3) un pauvre homme de Meknès dans le Maroc ; ses enfants et sa femme n'avaient pas à manger tous les jours ; mais doué d'une foi à toute épreuve, Aïssa comptait uniquement sur Dieu pour sortir de cette misérable situation. Or, un jour qu'il avait prolongé sa prière à la mosquée et qu'il rentrait tristement au logis, pensant que sa famille affamée allait lui demander une nourriture qu'il ne rapportait pas, il vit une cuisse de mouton en train de cuire au foyer et tous les apprêts d'un repas succulent. Dans sa confiance sans bornes en Dieu, il ne s'enquit pas d'où venait cette abondance. Le lendemain, il retourna à la mosquée, où il fit une longue station et pria avec ferveur. En revenant chez lui, il trouva un festin splendide et la maison pleine de provisions qu'un inconnu avait apportées en son absence ; cela se renouvela ainsi tous les jours, sans qu'Aïssa témoignât la moindre curiosité de connaître ce pourvoyeur généreux, qui n'était autre qu'un

(1) Ils sont au nombre de sept et portent chacun le nom de leur fondateur.
(2) *Loc. cit.*, p. 8.
(3) TH. GAUTIER, *loc. cit.*

messager céleste. La profusion de viande ou de farine et de légumes
était telle, qu'Aïssa put nourrir tous les pauvres de la ville !

« Une autre fois, sa femme, qu'il avait envoyée puiser de l'eau à la
citerne pour faire ses ablutions, retira le seau plein de sultanis d'or,
et cela à plusieurs reprises. Tout cet or fut rangé dans une alcôve,
voilé d'un rideau blanc, d'où Aïssa le sortait à poignées pour le distri-
buer, sans compter jamais, aux nécessiteux qui avaient recours à lui.

« Ces marques visibles de la protection divine engagèrent Aïssa,
malgré son humilité, à fonder un ordre dont les affiliés devaient pro-
fesser une foi absolue en Dieu, une obéissance passive en leur
marabout.

« Pour éprouver ses disciples, à l'Aïd-el-Kebir (fête du Beiram), il
acheta cent moutons, et dit à ses cent fidèles qu'il serait heureux de
les voir réunis le lendemain chez lui. Les disciples ne manquèrent pas
au rendez-vous et se placèrent dans la rue, devant la maison du marabout, qui sortit et vint à eux en leur disant : « Vous êtes tous mes
« enfants, vous m'aimez comme un père, et vous êtes résolus à faire
« en tout ma volonté ? »

« Les disciples répondirent unanimement oui à toutes ces
questions.

« Eh bien! ma volonté est de vous égorger tous. A la fête de Beiram,
« on immole des moutons; il me plaît de vous prendre pour victimes.
« Que celui d'entre vous qui m'aime véritablement et qui a foi en moi
« entre dans la maison pour que je le tue. »

« Cette proposition étrange fit hésiter les disciples..., et cependant
l'un d'eux se décida et dit au marabout : « Prends ma vie, si tu crois
« que cela soit utile, ou seulement si cela te fait plaisir ! »

« Sidi-Mohammed-ben-Aïssa fit entrer le disciple dans son logis et
lui donna un de ses cent moutons, en lui recommandant de l'égorger
de manière à ce que le sang coulât dans la rue.

« Puis il sortit et renouvela sa proposition. Peu rassurés par ce
ruisseau rouge qui semblait annoncer l'immolation de la victime, les
Khouan hésitèrent et sentirent chanceler leur foi. Un cependant se
détacha de la masse et vint au maître, qui le fit entrer dans la maison,
et agit avec lui comme avec le premier. Malgré le sang qui coulait
dans la rue, trente-huit disciples se décidèrent à se soumettre aveu-
glément à la volonté du marabout et reçurent chacun un mouton pour
récompense, au lieu de la mort qu'ils attendaient.

« Le bruit se répandit bientôt dans la ville de Meknès que Sidi-
Mohammed-ben-Aïssa égorgeait ses khouan; l'autorité intervint, l'on

enfonça la porte, et l'on trouva les trente-huit frères pleins de vie à côté de trente-huit moutons tués. Ce petit nombre de disciples dévoués jusqu'à l'absurde, jusqu'à l'atroce, suffit à l'illuminé pour fonder son ordre, qui devint bientôt fort nombreux... »

On ne s'attend pas à ce que nous racontions ici l'un après l'autre tous les prodiges opérés à la voix du marabout, la pluie d'or tombant du feuillage des oliviers en présence du sultan Moulei-Ismaël et de sa cour, la lutte de Sidi-Aïssa avec l'ange dans le quatrième ciel, l'histoire merveilleuse de la hache et de la pièce de monnaie, toutes ses prédictions et ses divinations qui n'attestent pas toutes avec le ciel des accommodements parfaits (1). Il sera plus opportun de rapporter ici la légende qui est la source de la croyance généralement répandue parmi les Arabes que les disciples de Sidi-Aïssa peuvent, sans inconvénient et sans danger, manger les substances les plus réfractaires à l'assimilation et les plus nuisibles à la vie.

« Un jour (2), Sidi-Aïssa était allé se promener avec ses frères dans un douar assez éloigné de sa demeure. Chemin faisant, ceux-ci lui dirent : « Seigneur, la route est longue, depuis longtemps nous mar-
« chons, la faim nous gagne et nous n'avons rien pour la satisfaire.
« Nous aurons de la peine à attendre le moment où nous arriverons
« au douar vers lequel tu nous conduis. » Ces plaintes se répétèrent plusieurs fois, et le marabout, impatienté, s'écria : « Eh ! mangez du
« poison (sem). »

« La confiance que les frères d'Aïssa avaient dans ses paroles leur fit prendre ce conseil au sérieux, et ils se dirent : « Notre cheikh vient
« de nous permettre de manger du poison, peu nous importe actuelle-
« ment la nature des aliments que nous emploierons ; nous ne devons
« rien craindre. »

« Aussitôt les compagnons d'Aïssa se mirent à chercher sous les pierres des scorpions, serpents, couleuvres et autres bêtes venimeuses

(1) Dans sa lutte avec l'ange, cet illuminé aurait eu, suivant la légende, le bras cassé ; néanmoins il revint vainqueur du combat.
(2) M. DE NEVEU, loc. cit., p. 92.

dont ils se rassasièrent. Le marabout les vit faire et ne parut pas s'en apercevoir. A l'arrivée au douar, on apporta des mets en abondance à Sidi-Aïssa et à ses frères, mais ceux-ci ne voulurent pas y toucher, disant que le long de la route ils avaient apaisé leur faim. — Et qu'avez-vous donc mangé? demanda Sidi-Aïssa. — Nous avons eu confiance en tes paroles, répondirent-ils, nous avons ramassé des serpents, des scorpions et tout ce que nous avons cru pouvoir satisfaire notre appétit.

—Puisque vous n'avez pas douté de mes paroles, reprit Sidi-Aïssa, vous et tous ceux qui naîtront de vous, ou tous ceux qui, comme vous, entreront dans la voie que j'ai ouverte, n'auront jamais rien à craindre du venin et du poison; ils pourront même en arrêter les effets. »

Le patron vénéré des Aïssaoua a-t-il été seulement, suivant l'opinion de M. de Neveu, « un habile jongleur, un grand prestidigitateur » dont « l'histoire tout entière repose sur des tours de force ou des escamotages ? » Ce qu'il y a de certain, c'est que les sultans du Maroc, malgré l'ombrage qu'ils en avaient conçu, furent bientôt obligés de compter avec l'ascendant de ce nouveau personnage, et qu'il existe encore aujourd'hui d'irrécusables souvenirs des pactes consentis par Moulei-Ismaël, l'un d'eux, à cette occasion (1). Le tombeau du marabout est dans la mosquée qu'il fit construire de son vivant, à Hameria, à quelques lieues de Meknès, dans le même endroit où s'accomplit le prodige de la pluie d'or aux yeux du sultan Moulei-Ismaël confondu.

« Après la mort de Sidi-Aïssa, le sultan Moulei-Ismaël, qui était resté son ennemi, pensa, dit-on, que la bénédiction de Dieu s'était retirée avec lui. Il s'imagina que ses frères, livrés désormais à leurs propres forces, ne pourraient plus soutenir aucune des épreuves dont la puissance du marabout les avait fait sortir victorieux. Il voulut donc les faire périr par les moyens mêmes qu'ils employaient pour égarer la crédulité publique ; à cet effet, il fit creuser en terre un trou qu'il remplit

____

(1) L'un de ces pactes, encore fidèlement exécuté, porte que chaque année, à partir du douzième jour du mois de Maouled (fête de la naissance du prophète), tous les habitants de Meknès doivent rester chez eux pendant sept jours, sans sortir dans leurs rues, à l'exception des Aïssaoua qui peuvent continuer de vaquer à leurs affaires.

d'animaux venimeux, et préparer des viandes et autres aliments assaisonnés avec des poisons actifs, et leur ordonna de venir en manger. Effrayés à la vue de l'horrible festin que le sultan avait fait préparer, les frères d'Aïssa s'enfuirent.

« Pendant que les Aïssaoua reculaient devant cette terrible épreuve, une de leurs femmes, nommée Khamsia, qui avait été servante de Sidi-Aïssa, et qui était alors occupée aux travaux intérieurs de sa maison, vit rentrer son mari, la honte et la tristesse peintes sur la figure. « — Qu'as-tu donc? lui dit-elle. — Mouleï-Ismaël, répondit-il, vient « de nous donner l'ordre de manger devant lui des animaux dange- « reux, de faire un repas avec des poisons qu'il a choisis et répandus « à profusion dans les mets qu'il a fait préparer. Il veut sans doute « nous faire périr. Saisis de crainte, nous avons tous fui pour éviter « une mort affreuse. »

« En entendant ces mots, Khamsia, saisie d'indignation, s'écrie : « — N'êtes-vous plus les frères et les serviteurs de Sidi-Aïssa? Avez- « vous oublié ses paroles? Ne vous souvenez-vous plus combien de « fois il a montré sa puissance à Mouleï-Ismaël lui-même, et comment « craignez-vous aujourd'hui les infernales machinations du sultan? Si « votre cheikh n'est plus ici, son esprit veille sur vous, et les vertus « dont il vous a doués ne sont point ensevelies avec lui dans la tombe. « Allons, viens avec moi; je ne suis qu'une femme, et cependant je « vais vous donner l'exemple. »

« Lella-Khamsia se rendit alors à l'endroit où Mouleï-Ismaël, déjà triomphant, cherchait à faire passer Sidi-Aïssa pour un imposteur. Il avait, disait-il, fait à ses frères des promesses qui dépassaient ses forces et les leurs. En arrivant, la courageuse femme jette un regard de mépris au sultan, se précipite dans la fosse, et, prenant les reptiles à deux mains, se met à les dévorer.

« Les Aïssaoua, enflammés à cette vue, s'unissent à elle et font disparaître en un instant tous les préparatifs du sultan. »

C'est pour éterniser le souvenir de ce fait avec la mémoire de Lella-Khamsia que l'on voit souvent sur les principaux marchés de l'Algérie une femme, les cheveux épars, agitant, aux sons de la flûte et d'un tambour de basque, des couleuvres et des serpents qu'elle place dans sa bouche en faisant mille contorsions.

« ... Dans la mosquée de Sidi-Aïssa, à l'approche de la fête dite
Maouled, les cérémonies les plus atroces ont lieu. Les fidèles amènent
des chameaux, des bœufs, des moutons, des chèvres, des poulets et
des pigeons qu'ils immolent et dépècent ensuite. Chaque espèce de
viande est placée, avec le sang, la peau et les os des animaux dans une
fosse qui lui est destinée. Après ce sacrifice, les Aïssaoua commencent
leurs danses frénétiques ; ils s'exaltent peu à peu, et lorsque, exténués
de fatigue, ils sont pressés par la faim, ils se précipitent sur ces morceaux sanglants et les dévorent. »

Telle est, d'après la légende arabe, l'origine de la secte des
Aïssaoua et des pratiques spéciales qui se rattachent à cet
ordre.

X

L'organisation des ordres religieux musulmans (1) est
calquée sur un type identique. A la tête, un supérieur général
ou *khalifa* (2) choisi parmi les descendants du marabout
fondateur. Il a sous son autorité un nombre indéterminé de
directeurs, nommés *cheikhs* ou *mek'addems* qui le représentent, chacun dans sa circonscription. Ces derniers, autour
desquels se meuvent une foule d'agents subalternes, ont seuls
le pouvoir de conférer l'*oueurd*, c'est-à-dire d'initier les
postulants à la règle et aux maximes de l'affiliation. L'autorité
du cheikh est pour ainsi dire sans contrôle et sans limites,
l'obéissance du frère, absolue ; c'est le despotisme le plus entier
d'une part, et l'asservissement le plus automatique de l'autre.
On peut en juger par ce seul précepte qui se répète sous mille
formes dans le catéchisme des khouan (3) :

(1) Consulter, pour plus de développements, les traités spéciaux de MM. de
Neveu et Brosselard ; auxquels nous avons emprunté la plus grande partie
des renseignements qui suivent.
(2) Le khalifa des Aïssaoua continue de résider dans le Maroc.
(3) *Les présents dominicains.*

« *Sois entre ses mains (du cheikh) comme est un cadavre entre les mains du laveur des morts qui le tourne et le retourne à son gré.* »

Accoutumés à cette abdication passive de leur volonté et de leur liberté, les disciples doivent en outre observer rigoureusement certaines pratiques ascétiques, telles que la retraite, la veille, l'abstinence, l'oraison continue (1) et enfin l'obligation de se réunir en commun pour célébrer les mérites du fondateur de l'ordre.

Au premier abord, toutes ces pratiques du renoncement au monde, de l'humilité, du jeûne et de la prière, toutes ces maximes de charité, d'assistance et de dévouement paraissent dictées par la morale la plus pure, en vue des devoirs sociaux et religieux les plus parfaits. Il semble que le souffle du christianisme seul inspire ces doctrines. Mais ces apparences dissimulent le véritable fond des choses ; et en y regardant de près, on ne tarde pas d'être détrompé. Écoutons l'un de nos témoins les plus autorisés, qui a dû sans doute à sa position particulière (2) le privilège de quelques révélations dont nous continuerons à faire notre profit :

« L'obligation imposée aux khouan de s'assembler fréquemment, non pas simplement pour prier et pour chanter les louanges de Dieu et de son apôtre, *qu'on ne se méprenne pas à cet égard*, mais surtout pour se livrer à *certaines pratiques secrètes* qui rappellent les mystères de l'antique Orient ; cette obligation, disons-nous, est fidèlement remplie par la grande majorité des frères. Chacun d'eux doit périodiquement raviver sa foi à ce foyer incandescent, et puiser dans la communauté d'idées et de sentiments, un nouvel aliment à son enthousiasme ;

« ... Que le lecteur nous permette de placer sous ses yeux certain passage édifiant d'un petit livre à l'usage des adeptes, livre tout plein

(1) Ou *Diker*, qui consiste à répéter un nombre de fois plus ou moins considérable certaines invocations, — deux ou trois mille fois par jour, par exemple.

(2) M. Ch. Brosselard, sous-préfet de Tlemcen, *loc. cit.*, p. 25.

de mysticisme, intitulé les *Perles de la perfection* : « L'assemblée
« des fékirs, — y lisons-nous, — doit se tenir, autant que possible, le
« vendredi, soit dans la zaouïa (1) de l'ordre, soit dans la demeure du
« mokaddem. Le lieu doit être vide et sombre, pour prêter davantage
« au recueillement. L'obscurité est aussi plus favorable pour percevoir
« la *présence des génies et des spectres*. Elle permet aux fékirs de mieux
« saisir leurs mouvements et *d'entrer en communication plus directe et
« plus continue avec eux...* » Plus loin, l'auteur du livre ajoute :
« Dans les *h'adras* ou réunions, le fékir aura soin de fermer les yeux,
« afin de s'absorber entièrement dans la contemplation intérieure et
« pour percevoir plus distinctement en esprit la figure du cheikh. »

« ... Faut-il après cela s'étonner que, dans un pareil désordre des
facultés mentales, il y ait des frères qui, de bonne foi, croient que le
souffle inspirateur du prophète Mohammed descend au milieu d'eux ?
Dans ce moment suprême, ces fanatiques ferment les yeux et se
recueillent dans une contemplation sublime. Ils perçoivent distinctement
des sons étranges ; ils entendent une voix céleste qui les encourage et
leur dicte les volontés d'en haut ; ils se sentent comme transportés
dans les sphères éthérées. On dit les khouan de Sidi-Tidjani et ceux
de Mouléï-Taïeb particulièrement sujets à ces visions surnaturelles... »

Il est facile de comprendre après cela le rôle des apparitions fantastiques et des évocations surnaturelles dans les
h'adras, et la part incontestable d'influence qu'il faut accorder
à cette ténébreuse intervention dans la production de quelques phénomènes qui nous ont occupé et sur lesquels nous
aurons d'ailleurs, une dernière fois, à revenir. En attendant,
pour être suffisamment édifiés sur le but que poursuivent
dans l'ombre ces affiliations, dont le réseau embrasse jusqu'au
cinquième de la population de notre colonne africaine, il est
nécessaire d'en indiquer les rapports avec les institutions
plus anciennes de l'Orient.

(1) La zaouïa est un établissement qui sert à la fois de chapelle, de
mosquée, d'école, de lieu d'asile, d'hôpital, de bureau d'esprit public et de
bibliothèque. — Voy. le livre de M. de Neveu, p. 16.

XI

L'ordre de Sidi-Aïssa ne diffère que par quelques-unes de ses pratiques des autres *confréries musulmanes*, soit dans les temps anciens, soit dans les temps modernes. Ainsi que le fait parfaitement remarquer M. Ch. Brosselard, c'est aux institutions nées dans l'Orient, à l'origine même de l'islalisme, que les fondateurs des ordres religieux, aujourd'hui si répandus dans l'Algérie et dans les pays voisins, le Maroc et la Tunisie, ont demandé leurs inspirations. C'est à cette source qu'il faut rapporter leurs statuts fondamentaux et leurs lois disciplinaires. Ils s'inspirent de la tradition des anciens *soufis* (1) de la Mecque et de Médine, aux premiers temps de l'hégire. « Communauté d'idées, — dit l'auteur dont nous parlons, — de doctrines, de règles, de pratiques; en un mot, identité parfaite. » Or, on sait que ces associations particulières de disciples ou de derviches ont toujours eu pour préoccupation de donner de la vie à la discipline monotone du mahométisme, par des pratiques capables d'exciter l'enthousiasme et l'admiration des croyants. Ces pratiques, ils en avaient eux-mêmes reçu l'héritage des doctrines secrètes de l'antiquité dont l'Orient fut le berceau et l'école d'Alexandrie le foyer. Dans cette dernière ville, centre du monde savant et du commerce des peuples, où, — suivant la remarque de Sprengel (2), — on échangeait avec les mar-

(1) Communauté religieuse fondée par 90 habitants de la Mecque et de Médine, dans la première année de l'hégire. Leur nom de *soufis* vient du mot arabe *souf*, laine, du nom du vêtement dont ils se couvraient. Ils prirent aussi le nom de *Fekirs*, pauvres. Cette association donna bientôt naissance à une foule d'ordres dont les disciples furent désignés sous le nom commun de derviches (*derviches*, mot persan qui signifie *seuil de la porte*).

(2) SPRENGEL. *Histoire de la médecine*, trad. par Jourdan. Paris, 1815, tome II.

chandises les opinions et les systèmes, le syncrétisme avait
introduit, avec les rêveries de Pythagore et de Platon, le
dualisme de Zoroastre, le Thalmud et la Cabale des Juifs,
l'ancienne magie orientale des Brahmes et des Chaldéens, etc.
Le mysticisme de ces diverses sectes se résumait dans une
théosophie occulte tout empreinte d'une fantasmagorie merveilleuse. Elle enseignait, par les prières et l'abstention de toute
sensualité, par l'extase et d'autres pratiques secrètes, à con-
templer la lumière éternelle, à communiquer avec les génies,
et à se rendre maître de ces habitants évoqués de l'empire des
esprits. Les sectaires cherchaient dans les arts magiques les
secrets de ces communications. Ces doctrines, énergiquement
combattues et repoussées par le christianisme (1) dès son origine,
reçurent de la part des disciples de Mahomet et de Boudha un
accueil plus sympathique. On en retrouve la trace dans les
rites divers de ces associations religieuses de khouan, derviches
ou fekirs, qui peuplent les pays de l'Orient. Au milieu des
exemples qui pullulent à chaque pas sur ce sol toujours si
fécond en mystères, il suffira de citer l'un des plus connus,
celui des *derviches hurleurs* de Constantinople. Voici comment
s'exprime un *témoin oculair*   à ce sujet (2) :

« Leur mosquée, située dans un coin éloigné de la ville, est sale et
tombe en ruine : la ciguë, les ronces et les épines croissent autour; son
intérieur est pauvre, bas, étroit, couvert de poussière : tout autour, le
long de ses murs pendent des barres de fer, d'énormes boules, des
chaînes dont chaque chaînon a une triple pointe, des sabres à deux
tranchants, des piques, des fouets, des queues de scorpions et d'autres
ustensiles de cette sorte. Les fidèles qui s'y rassemblent s'avancent

(1) L'auteur protestant que nous venons de citer, Sprengel, laisse échapper
cet aveu : « Il faut toutefois rendre justice à l'Église orthodoxe. Elle
repoussa toujours ces absurdités magiques; souvent même elle témoigna
ouvertement l'horreur qu'elles lui inspiraient. » *Loc. cit.*, p. 149.
(2) Lettre d'un Anglais écrite de Constantinople et insérée dans le *Globe*
en 1828, n° 206 à 207. — Voy. Görres. *La Mystique*, trad. par Sainte-Foi,
t. IV, p. 45. 1854.

d'un pas grave comme des pénitents, les plus dignes à la tête, puis ceux qui ont été reçus les derniers, et enfin les novices de tout âge, depuis sept jusqu'à trente ans. Ils marchent lentement, sans prononcer une parole, vers un divan devant lequel ils se placent, vis-à-vis de la niche, ayant à leur tête le derviche pacha. La main glacée de la mort semble s'appesantir sur eux, arrêter la pensée et la vie dans leur poitrine, et fixer leurs pieds au sol. Leur corps est amaigri par des jeûnes continuels, et les émotions qui soulèvent continuellement leur âme ont laissé les traces de leurs ravages dans les rides profondes de leur visage. Au-dessus de leurs joues molles et pendantes, leurs yeux jettent çà et là un regard terne et froid; leur barbe est mince et comme flétrie; partout l'âme, consumée par un feu intérieur, semble sur le point de briser sa frêle enveloppe. Le derviche pacha ouvre la cérémonie en conviant l'assemblée à la prière. Celle-ci est suivie de la profession de foi : *Dieu est Dieu,* que l'assemblée répète en chœur après lui, avec un enthousiasme toujours plus grand. Le cri : Dieu est grand! Dieu est élevé! retentit sur leurs lèvres. Un mouvement bizarre de la tête, lent d'abord et solennel, puis rapide et violent, indique les degrés de l'exaltation. L'action de l'esprit devient toujours plus visible; un sourire maladif contracte les traits; les yeux se ferment, comme éblouis par l'éclat du soleil; les joues se colorent d'un léger incarnat; la respiration s'échappe plus profonde et plus distincte de la poitrine oppressée; le corps lutte avec peine contre l'esprit qui veut l'envahir.

Cependant les degrés de l'inspiration diffèrent : moindre dans les vieillards et les enfants, elle est plus puissante chez les adultes; mais c'est dans le chef de l'assemblée surtout qu'elle atteint son extrême limite. Il ne se possède plus; il s'agite comme une barque sans gouvernail et sans voiles dans la tempête. Des sons sauvages comme le bruit du torrent qui tombe d'une montagne s'échappent de sa bouche, et sont répétés ensuite par les disciples. Le rhythme perd sa régularité, et est interrompu par des tons faux et aigus; un gémissement sourd et prolongé suit tout ce vacarme et meurt peu à peu. Une pause solennelle survient; l'hiérophante, poussant un cri de triomphe, donne le signal, et l'inspiration bruit avec une nouvelle violence dans les rangs de ces fanatiques. Les yeux du pacha scintillent comme des charbons ardents; ses lèvres amaigries tremblent dans l'ivresse de l'extase; l'écume coule sur sa barbe. Ses traits prennent de plus en plus l'aspect d'un fantôme effrayant. Semblable à un possédé, tantôt il tourne en cercle; et pendant que la force et la vie se retirent devant la puissance de l'esprit qui l'envahit, sa tête, entraînée par un mouvement mécanique, frappe sa poitrine et se relève tour à tour; des sons interrompus et convulsifs viennent mourir sur ses lèvres, jusqu'à ce qu'il tombe défaillant dans les bras des siens.

Les derviches s'élancent alors en hurlant, comme poussés par un ressort; et bientôt leurs turbans gisent déchirés sur le sol. Jeunes et vieux s'agitent comme des insensés dans une effroyable mêlée. Leur chant monstrueux se répète de bouche en bouche; ils tournent en cercle autour de leur maître, jusqu'à ce qu'ils tombent tous comme morts l'un après l'autre, hurlant encore jusqu'au dernier instant. Quelques-uns cependant se glissent hors de la mosquée, et en reviennent armés d'une barre de fer rougie au feu. Les derviches se réveillent en souriant, et se lèvent comme des géants pour le combat. Un orgueil sauvage respire sur leurs traits. Ils bravent l'épreuve terrible en criant Allah. Le pacha se lève, écarte d'une main la foule, et de l'autre saisissant la barre, il la brandit autour de sa tête, et s'avance suivi des autres derviches. Chacun tend la main et s'empare de la première arme qui se présente. Sabres, lances, couteaux, tout leur est égal. Bientôt le sang coule, et l'on se croit transporté au temps de Baal. Les enfants frémissent à ce spectacle; mais bientôt ils sont entraînés par les hommes dans ce tourbillon; et pendant que ceux-ci savent encore, au plus fort de leur fanatisme, modérer la fureur qui les pousse les uns contre les autres, ceux-là, dans leur inexpérience, ne connaissent aucune mesure. Cette fureur s'éteint peu à peu, après être montée jusqu'au comble; l'enthousiasme se dissipe; quelques-uns essayent encore de rallumer le feu, mais il disparaît peu à peu, et à la fin un hurlement universel annonce que la cérémonie est achevée, et les spectateurs s'écoulent peu à peu. » (Lettre d'un Anglais écrite de Constantinople, et insérée dans le *Globe*, en 1828, n° 134 à 137 et 206 à 207.)

Chaque confrérie musulmane offre, à peu de choses près, les mêmes spectacles.

XII

Chez les Aïssaoua d'Afrique, chez les derviches de la Perse et de la Turquie, chez les ruffaï de l'Inde, dans les pagodes de la Chine et du Japon, dans les lamaseries du Thibet et de la Tartarie, l'élément mystique joue un rôle, rôle considérable dont ce serait le comble de l'aveuglement de ne pas tenir compte.

C'est toujours le contraste de l'exaltation et de la déchéance, de l'homme intérieur transporté dans un monde surnaturel, et offrant alors par ses contorsions et ses délires l'empreinte fatale de la dégradation et de la laideur. Ce spectacle soulève le cœur de dégoût. Les Aïssaoua, les plus considérables de leur secte, et que l'on regarde avec une sorte de terreur respectueuse, sont ceux qui se tordent le plus fort dans des crispations de démoniaques. — « Si jamais, dit textuellement un témoin dont nous avons rapporté la narration, — le diable est forcé de confesser Dieu, il le fera de cette manière. » Ce qui ajoute à la laideur de la forme chez les fanatiques dont nous parlons, c'est encore le dérèglement des instincts brutaux auxquels ils se livrent, et surtout la vue des hideux reptiles dont ils font leur nourriture ou qui les enlacent de leurs replis. Pourquoi ces animaux entre tous immondes? Faut-il rappeler que, dans la doctrine des Perses, c'est Ahriman, le *principe du mal*, qui a créé les serpents, les scorpions et les crapauds? « La forme et la nature de ces bêtes est telle que l'horreur qu'elles inspirent à l'homme semble avertir celui-ci qu'il y a en elles une certaine malice dont il doit se défier ; et les deux premières ne justifient que trop ce soupçon par le venin qu'elles renferment. Le crapaud, de son côté, a toujours, par sa forme hideuse, inspiré aux hommes le dégoût et l'horreur (1). »

Cet aspect général de difformité et de laideur que présentent toutes ces exhibitions, avec le dégoût qu'elles soulèvent, est le caractère éloquent de cette mystique ténébreuse.

La nuit est son séjour, l'horreur est son domaine...

Un autre caractère consiste dans la nature merveilleuse

____

(1) Gorres. *Loc. cit.*, t. V, p. 179.

des phénomènes observés dans les *h'adras*. Le lecteur sait quelle large part nous avons donnée aux lois physiologiques dans un précédent chapitre, afin d'expliquer par l'habitude, l'entraînement, l'imitation, l'influence des parfums, de la musique et de la danse, et par la perturbation nerveuse qui en résulte, l'insensibilité physique des Aïssaoua ; mais il est des phénomènes rebelles à ces explications, et sur lesquels cependant nous avons des témoignages qu'il est impossible de révoquer. De ce nombre est le fait exprimé (en lettres majuscules) dans le récit de M. Bellemare (1) :

« L'un se frappe le bras d'un coup vigoureux, le sang jaillit pendant quelques instants de la veine ouverte ; l'Aïssaoui passe la main sur la plaie, le sang s'arrête, LA TRACE DE LA BLESSURE DISPARAIT. »

Fait confirmé par l'incrédule M. de Neveu lui-même (2) :

« L'un se frappe le bras gauche avec la main droite : les chairs paraissent s'ouvrir, le sang coule en abondance ; il repasse la main sur son bras, la blessure se ferme, le sang a disparu. »

Selon M. Brosselard (3) :

« Dans ce moment suprême,… ils perçoivent *distinctement* des sons étranges ; ils entendent une voix céleste qui les encourage et leur dicte les volontés d'en haut… »

Et toujours les mêmes effets obtenus par les mêmes moyens de l'invocation, de l'extase, de la musique et de la danse. Écoutons Gœrres, l'auteur compétent, à ce sujet (4) :

« Nous voyons partout, — dit Gœrres, — ces danses amener l'extase et d'un autre côté l'extase accompagnée de tous les phénomènes de la clairvoyance. L'antiquité la plus reculée comprenait bien cette

<hr>

(1) Voy. la relation ci-dessus, p. 27.
(2) *Id.*, p. 23.
(3) *Loc. cit.*, p. 27.
(4) *Loc. cit.*, t. IV, p. 90.

coïncidence ; aussi appelait-elle du nom de corybantisme cet état maladif où se font entendre des sons intérieurs ; car elle avait appris qu'à la suite de ces danses frénétiques, outre les mirages et les apparitions, des voix, les *sonorinæ imagines* de Varron, se faisaient toujours entendre. Mais nous voyons encore se produire ici une série de phénomènes qui semblent indiquer que le corps, en ces circonstances, est invulnérable ; les derviches mangent auparavant de grandes quantités d'arsenic et de sucs vénéneux de cactus, ils avalent des bracelets de fer, du verre et des charbons ardents. Au milieu de leurs mouvements frénétiques, ils se percent avec des lancettes les joues, la langue et même la gorge, sans éprouver aucun dommage ; ils s'enfoncent des couteaux dans la chair à trois pouces de profondeur, sans qu'il paraisse ni sang ni cicatrice. Quant aux poisons et aux autres objets avalés par ces fanatiques, ces faits indiquent que, comme dans le somnambulisme, les sens sont fermés à toutes les impressions extérieures, même les plus vives, aussi les premières voies peuvent se trouver dans un état semblable. »

Et que dire de ces rapports familiers avec le serpent, animal mystérieux, reconnu, en tous temps et en tous lieux, comme l'emblème de la ruse, comme le symbole de la magie, qui fascine (dit-on) les oiseaux et se laisse à son tour charmer par l'homme ? D'où vient cette superstition qu'on lui a vouée de toute antiquité, et cet art des enchantements dont il est l'objet, qui s'est transmis jusqu'à nous ?

Sprengel (1) rapporte que les Phéniciens et les Égyptiens regardaient déjà cet animal comme d'une nature divine, parce qu'il se meut avec une extrême rapidité, formant par ses replis des figures qui représentent autant de cercles mystérieux, parce qu'il vit fort longtemps, et qu'il a le pouvoir de se rajeunir en changeant d'enveloppe. Image à la fois de la mort par son venin et de la vie par sa peau. Les Phéniciens l'appelaient le bon démon, et les Égyptiens *kneph.* Ils lui donnaient une tête de vautour pour marquer qu'il est doué d'une âme intelligente. Les Égyptiens représentaient le monde par un serpent

(1) Sprengel. *Loc. cit.*, t. II, p. 148.

renfermé dans un œuf; ce qui formait une figure assez semblable au ϴ des Grecs (1). Il est inutile de rappeler ici le rôle de ces animaux dans les mystères d'Éleusine (2), dans le culte de Bacchus (3), au temple de Delphes sous le trépied de la pythonisse (4), et enfin aux temples d'Esculape, où des serpents apprivoisés et instruits servaient à prédire l'issue des maladies (5). Aux temps héroïques, alors que la science du pronostic se bornait à l'art divinatoire, et la pratique à l'emploi des conjurations et des formules magiques, les serpents étaient les oracles des devins. Mélampe, suivant l'historien auquel nous empruntons la plupart de ces renseignements (6), comme plusieurs anciens magiciens, avait appris des serpents qui lui mordirent les oreilles dans son enfance, l'art de prophétiser et celui d'interpréter le chant des oiseaux. Cette fable, généralement adoptée par les anciens, avait pour origine l'opinion où l'on était que les serpents pressentent les changements de l'atmosphère et même les maladies épidémiques (7). Aussi les Argiens les regardaient comme les maîtres naturels de l'art divinatoire et ne se permettaient jamais d'en faire périr aucun (8). Enfin, Esculape, qui avait le plus souvent recours, pour la guérison des maladies, à l'invocation des dieux, au moyen de paroles mystiques et de prières versifiées, c'est-à-dire de *charmes* (9), Esculape est représenté dans sa statue symbolique avec un bâton noueux entouré d'un serpent; et plusieurs espèces de ces reptiles furent, après sa mort, consacrées à ce dieu (10).

(1) Eusèb. *Præp. Evang.*, lib. I, cap. x, p. 40.
(2) Strabon. Liv. IX, p. 623.
(3) Euripid. *Bacch.*, v. 103.
(4) Lucian. *De Astrolog.*, p. 854.
(5) Sprengel. *Sur les jongleries médicales par les serpents*, dans *Mémoires pour servir à l'histoire de la médecine*, cah. ii, p. 163.
(6) Id. *Id.* — (7) Œlian. *De nat. anim.*, lib. VI, ch. xvi.
(8) Id. *Id.*, liv. XII, ch. xxxiv. — (9) *Carmen*, vers, charme.
(10) En particulier, le *coluber Esculapii* de Linnée et le *coluber cerastes* dont nous avons parlé.

Rapsodies des temps héroïques ! Superstitions des peuples païens ! d'accord. Mais toute erreur repose sur un fond de vérité; et au milieu de ces fables, il y a le souvenir des réalités qui leur ont donné lieu. Ces légendes et ces mythes confirment en définitive le fait d'un culte rendu au serpent, culte dont certaines sectes hérésiarques, — celle des Ophianiens, — au rapport d'Origène (1), et celle des Ophites, d'après le témoignage de saint Augustin (2), — suivaient les errements, et qui est encore florissant, comme on le sait, chez les nègres de la côte de Guinée et du centre de l'Afrique (3).

De cette source vient l'art des enchanteurs, célèbre dès la plus haute antiquité, et dont il est déjà fait mention dans l'un des psaumes de Salomon (4), comme on peut le voir dans ce verset :

« Leur fureur est semblable à celle du serpent, à celle d'une vipère sourde qui ferme son oreille pour ne point entendre la voix de l'enchanteur, fort habile dans son art. »

Dans l'*Ecclésiastique* (5), il est dit :

« Qui aura pitié de l'enchanteur blessé par le serpent et de tous ceux qui s'approchent des bêtes venimeuses? »

Jérémie fait entendre cette menace du Seigneur (6) :

« J'enverrai contre vous des serpents, des basilics, sur lesquels les enchantements ne peuvent rien. »

(1) Origène. *Contra Cels.*, lib. VI, cap. xxviii, p. 632.
(2) Saint-Augustin, Catal. des hérésies, 17.
(3) « Des Arabes du grand Désert m'ont assuré que, vers le centre de l'Afrique, dans ce qu'ils appelaient le pays des Nègres, la vipère bicorne avait ses autels et ses adorateurs, tout comme le dabole et autres serpents très-doux appelés *féliches* qui ont des temples desservis par de jeunes prêtresses... » Tesseire, *Loc. cit.*, p. 10.
(4) Ps. 58.
(5) *Ecclésiastique*, chap. xiv, v. 13.
(6) Chap. viii, v. 17.

Les livres saints (1) s'élèvent avec la plus grande énergie contre les augures, les devins et les enchanteurs et toutes les pratiques de la magie auxquelles étaient adonnés les peuples idolâtres et les nations étrangères.

L'art de charmer les serpents a été pratiqué, dans l'antiquité, par des populations entières. Faut-il rappeler les Ophiogènes dans l'Hellespont, les Psylles d'Afrique, les Marses en Italie, les Oblogènes de l'île de Chypre? Aujourd'hui c'est le privilége de quelques sectes disséminées dans toutes les contrées du monde, en particulier dans la Barbarie, l'Égypte et l'Inde, sans compter les nombreux jongleurs, bateleurs et bohémiens qui exploitent pour leur compte la crédulité du public. Mais, à côté de ces supercheries qui consistent à enlever leurs crochets venimeux aux reptiles, il y a l'art réel des enchanteurs, art bien fait pour étonner non pas seulement les peuples ignorants des bords du Nil, mais encore nos savants d'Europe, à ce que confessent eux-mêmes les auteurs du grand ouvrage sur l'Égypte (2), surtout s'il était vrai, d'après leurs assertions (ce qu'il est difficile d'accepter), que les modernes Psylles égyptiens peuvent « changer l'*haje* (3) en bâton! »

XIII

Deux choses sont à distinguer dans l'art mystérieux des enchanteurs : la fascination et l'immunité contre les venins.

1° De quelle manière s'opère la fascination ou le charme? On peut invoquer d'abord les analogies naturelles :

(1) Voy. *l'Exode*, ch. xxii; *le Lévitique*, ch. xix et xxi; *les Nombres*, ch. xxiii; *le Deutéronome*, ch. xxxiii; *les Rois*, liv. IV, etc.
(2) *Description de l'Égypte.* Cfr. Bory de Saint-Vincent. *Loc. cit.*
(3) L'*Haje* ou *naje*, terrible vipère.

« Tout le monde connaît, — dit M. L. Figuier, — les faits parfaitement significatifs de la fascination qu'exerce l'œil du crapaud sur la
belette et autres animaux, la fascination des oiseaux de petite taille par
le serpent, celle que les grands rapaces exercent sur leur proie, l'arrêt
du gibier par le chien du chasseur. On prétend que tous les ophidiens,
depuis les énormes serpents d'Amérique jusqu'aux vipères, ont le privilége de paralyser les batraciens et certains oiseaux. On assure qu'à
force d'attacher leurs regards étincelants sur la grenouille et le rossi-
gnol, par exemple, ils les plongent dans le relâchement musculaire le
plus complet et forcent l'oiseau chanteur de descendre de branche en
branche jusqu'à terre. »

On n'est guère d'accord sur l'explication de ce fait. Ce que
M. Figuier accorde à la fixité du regard, d'autres naturalistes
l'attribuent à la fétidité de certains serpents, tels que les
crotales :

« Dans son Mémoire lu à la Société d'histoire naturelle de New-York,
le major Alexandre Garden a confirmé le pouvoir qu'ont ces serpents de
stupéfier et de paralyser, pour ainsi dire, l'animal qu'ils veulent dévorer. Il l'attribue non-seulement à la terreur que ces reptiles inspirent,
mais encore à des émanations narcotiques qui s'échappent de leur
corps, sinon constamment, du moins à certaines époques. Sir Garden
rapporte des exemples de ce pouvoir stupéfiant des serpents sur
l'homme lui-même (1). »

Ce sujet, qui intéresse assez vivement la physiologie animale, reste encore assez obscur.

Divers procédés sont mis journellement en pratique par
l'homme pour dompter les animaux.

« M. Calley raconte, — d'après le docteur Esdaile (2), — que les Indiens de l'Amérique du Nord se servent d'un moyen singulier pour se
faire suivre par les petits bisons dont ils viennent de tuer la mère. Ils
saisissent la narine de l'animal, lui appliquent les mains sur les yeux

(1) Hipp. Cloquet. Dict. des sc. méd., t. LI, p. 181.
(2) Esdaile. Natural and Mesmeric clairvoyance, with the pract. applic.
of Mesm. in Surg. and Med. Londres, 1852.

et respirent dans ses narines. Bientôt le jeune prisonnier essaie de se débattre et suit doucement son maître jusqu'à la fin de la chasse. M. Calley a pu se faire suivre ainsi pendant plusieurs milles par un de ces animaux (1). »

Enfin, personne n'ignore le moyen bizarre à l'aide duquel, dans le midi de la France, on communique aux poules une catalepsie passagère (2).

Des procédés analogues sont-ils employés par les enchanteurs? Le charme des sons et de la musique n'est sans doute pas sans influence; au moins, dans les récits qui ont passé sous nos yeux, le cortége des tambours et des flûtes ne fait jamais défaut. Captif dans les déserts de la Barbarie, Roiley raconte que, dans une expérience dont il fut témoin, deux vipères (auxquelles on avait toutefois arraché les crochets venimeux), enlacées autour du corps d'un Arabe et s'acharnant avec rage contre ce dernier, entendent tout à coup le son d'une flûte dans une chambre voisine; soudain ces animaux écoutent, leur fureur s'apaise, peu à peu ils se détachent du corps de l'Arabe et retournent dans leurs cages pour y être enfermés de nouveau (3).

Cependant l'intervention de la musique ne paraît pas, dans tous les cas, indispensable. Saint Augustin (4) nous apprend

(1) L. Figuier. *Loc. cit.*

(2) « Cette manière de rendre les poules cataleptiques a été décrite dès l'année 1646. Le P. Kircher, dans son *Ars magna lucidæ et umbræ*, publié à Rome en 1646, dit en effet (p. 154-155) : « *Experimentum mirabile :*
« Gallinam pedibus vinctam in pavimentum quodpiam depone; quæ primo
« quidem se captivam sentiens, alarum succussione totiusque corporis motu,
« vincula sibi injecta excutere omnibus modis laborabit; sed irrito tandem
« conatu de evasione, veluti desperabunda, ad quietem se componens,
« victoris de arbitrio sistit. Quietâ igitur sic manente gallina, ab oculo
« ejusdem in ipso pavimento lineam recta ereta vel alio quovis coloris genere
« quæ chordæ figuram referat, duces. Deinde eam compedibus solutam
« relinques. Dico quod gallina, quantumvis vinculis soluta, minime tamen
« avolatura sit, etiam si ad volandum instimulaveris. » Figuier, *Loc. cit.*
(3) Görres. *Loc. cit.*, t. II, p. 220.
(4) Saint-Augustin, *De genesi ad litt.*, t. II, c. xxviii.

des Marses, descendants de Circé, que les serpents connaissaient si bien leur voix et leur obéissaient à ce point, que lorsqu'un de ces charmeurs parlait, ils sortaient aussitôt de leurs trous. Cette assertion, dont personne ne récusera l'autorité, a été d'ailleurs confirmée par d'autres témoins dignes de foi. La même chose arrive, — au témoignage de divers voyageurs, — en Égypte et dans l'Inde : il suffirait même, dans quelques cas, d'un simple claquement des doigts.

Mais ce qui ne manque guère, autant qu'on peut le vérifier, c'est la conjuration ou le charme préalables. Le Psylle, au rapport de Lucain, n'oublie pas de prononcer les paroles magiques :

> Plurima tum volvit spumanti carmina lingua.

Hexagone, envoyé des Oblogènes, jeté dans un tonneau rempli de serpents, n'y recevait aucun mal, après les avoir conjurés. Et Lane (1), dans ses expériences en Égypte, vit souvent des enchanteurs faire sortir des serpents des trous d'une maison, à l'aide de certaines formules.

Ainsi la fascination a une base parfaitement naturelle, puisque non-seulement l'homme l'opère dans quelques circonstances sur divers animaux, à l'aide de moyens qui sont à sa portée ordinaire, mais encore plusieurs espèces dans le règne animal paraissent douées de ce privilége. Quant aux conditions dans lesquelles il s'exerce, elles sont assez obscures, et la science n'a pas fait la part qu'il faut assigner à l'éclat du regard, au son des instruments, à l'agitation vertigineuse, à l'émanation des odeurs, aux influences magnétiques diverses. Mais, en dehors de ces conditions physiologiques spéciales et encore mal déterminées, nous avons vu aussi qu'il y a la fascination magique et le véritable charme,

(1) Voy. Gorres. *Loc. cit.*, p. 222.

et que l'art d'enchanter les serpents a de nombreuses et authentiques traditions.

2° Après la fascination, qui apaise la colère et conjure la morsure des animaux venimeux, il y a l'immunité qui neutralise les venins. Celse a cherché à l'expliquer par la force de la constitution; Lucain et, de nos jours, le docteur Boudin, par une influence de race; Solin, par l'effet d'une audace excessive. Nous croyons, jusqu'à plus ample informé, que notre présomption se rapproche davantage de la vérité physiologique. On se souvient que, pour nous rattacher à outrance à une solution purement naturelle, nous avons cherché à montrer que la violente perturbation nerveuse déterminée par des influences multiples dans les *h'adras*, et portée jusqu'au délire de l'exaltation, de l'ivresse et de la fureur, pouvait surexciter à un haut degré la résistance vitale aux actions traumatiques et toxiques; et de la même manière qu'elle paralyse la sensibilité animale et endort la douleur, de même elle a le pouvoir de rendre la sensibilité organique réfractaire aux effets des virus et des venins. Mais nous sommes encore obligé de reconnaître que cette assertion ne repose que sur des analogies et des probabilités, et qu'elle réclame impérieusement d'autres vérifications.

Cependant, il faut noter, relativement à ce même privilége, une autre catégorie de faits et d'autorités. Ainsi, d'après Pline, il suffisait aux Ophiogènes du seul contact pour guérir les blessures occasionnées par les reptiles, et de l'imposition des mains pour en arrêter les effets délétères. Avicenne avait vu dans la Lamascie l'incantation s'opérer au moyen de certaines formules. Daniel Heinsius attribue, sans hésiter, le pouvoir des anciens Psylles au culte des serpents. Le docteur Lemprière raconte que les charmeurs du Maroc, élevant leurs mains au ciel, commencent par marmotter une fervente prière à leur patron. Et, de nos jours, les Khouan

de l'Algérie ne manquent jamais d'inaugurer les *h'adras*
par l'interminable litanie des vertus et des miracles de leur
saint.

Donc, quelque large que soit la part faite par nous aux
influences naturelles dans les deux éléments de la fascination
et de l'immunité, il répugnerait à notre bonne foi de passer
sous silence le pouvoir occulte attribué, dans quelques circonstances, à la source de ces phénomènes. Chez les Aïssaoua, le
développement des facultés physique supérieures aux lois
ordinaires, l'analogie des agitations corporelles remarquées
en tout temps et en tout lieu chez ceux qui prétendent à
quelque inspiration surnaturelle, le dérèglement des appétits
brutaux, le dégoût et l'horreur que leurs exercices inspirent,
tout, jusqu'à l'intention évidente, donne à cette thaumaturgie
ténébreuse un caractère mystique saisissant. Enfin, il n'est
pas sans intérêt de remarquer que c'est surtout dans le Maroc,
foyer actuel du fanatisme musulman, d'où sont originaires la
plupart des sectes de l'Afrique, et où résident encore certains
khalifa des Khouan de l'Algérie, que les arts occultes sont
particulièrement en honneur. « Allez dans le Maroc, — dit
le général Daumas (1), — sur les bords de l'Ouad-Noun, à
vingt jours de marche ouest de Souss, vous trouverez les plus
célèbres sorciers, une école d'alchimistes et de nécroman-
ciens, des sciences occultes, une montagne qui parle, toutes
les merveilles enfin du monde magique. »

Après cela, on peut répondre à nos rationalistes contemporains qui ne manquent jamais de trouver, dans le magnétisme auquel ils ne croient guère, la raison universelle des
faits qu'ils ne s'expliquent pas, on peut répondre, disons-
nous, ce que Virey ne craignait pas d'écrire au plus fort du
matérialisme de l'ère broussaisienne, lui pourtant l'un de

____

(1) Général Daumas. *Mœurs et coutumes de l'Algérie.* 1858, p. 266.

ses disciples les plus avoués : « Qu'est-ce donc que le pouvoir du magnétisme, du somnambulisme, et toute cette thaumaturgie médicale qui succède aux sorcelleries, aux vampires, aux revenants, etc., etc. ? Ce sont, dites-vous, des folies; mais quelles attestations les plus juridiques, quelles autorités les plus sacrées leur manque-t-il pour être certifiées (1) ?... »

Il manque, à ceux qui nient la lumière, des yeux pour en témoigner.

XIV

La pensée des fondateurs des divers ordres de Khouan ou de Fékirs se résume, — comme but, dans la constitution de l'unité politique des peuples musulmans, — et comme moyen, dans la propagation de la foi et des traditions islamiques par l'exaltation du fanatisme religieux.

« Pour eux, le mot d'ordre est le même aux quatre points cardinaux : Haine et guerre au *kafer*, c'est-à-dire au sectateur d'une religion autre que le mahométisme, qui est la seule religion vraie, la seule qui doive gouverner le monde. En dehors d'elle point de salut! Le livre sacré n'admet pas de composition : que l'infidèle courbe la tête sous le joug de la foi ou qu'il meure! Tel a été de tout temps l'esprit des sectes musulmanes, tel il est encore aujourd'hui... Le mal subsiste, s'étend et s'invétère (2). »

Voyez-vous, en effet,

« Ce musulman à la figure blême, aux yeux caves et roulant dans

(1) Vinry. *Dict. des sciences méd.* en 60 vol., t. XXIV, p. 102. — On peut ajouter : Ce siècle de lumières, si sceptique et si incrédule à l'endroit du surnaturel, s'est trouvé tout à coup épris par la passion de converser avec les esprits et d'entrer en commerce avec les morts. On voit depuis quelques années des hommes sérieux s'adonner à ces investigations d'un monde inconnu et à ces entretiens d'outre-tombe... » (A. Tillor, *Revue du monde catholique*, 1861, p. 314.

(2) Brossrlard. *Loc. cit.*, p. 33.

leurs orbites, aux lèvres crispées, qui passe près de vous en égrenant
son chapelet d'une main fébrile? C'est un Fékir qui récite son *dziker.*
Votre vue l'irrite et le passionne; il détourne la tête et crache en signe
de mépris. Voilà un fanatique, un insensé, direz-vous. D'accord. Mais
combien de gens de cette sorte ne voyons-nous pas en pays algérien!
Ils nous coudoient chaque jour sur la place publique (1). »

Chez les fils de Mahomet, la foi est l'âme de la politique et
la règle des institutions. L'unité de croyance forme la natio-
nalité de ces races disséminées, de ces tribus errantes. Leur
patrie véritable ce n'est pas le désert, la montagne ou la
plaine; ce n'est pas le douar nomade : — c'est l'Islam. Les
associations religieuses en sont les liens mystérieux et puis-
sants.

« Les congrégations de Khouan sont des corps dont les éléments
composent un faisceau déjà formé et qu'une énergique et habile volonté
peut faire mouvoir avec ensemble. Chez eux une hiérarchie existe, des
moyens et des habitudes de correspondance sont établis, les nouvelles se transmettent rapidement, des assemblées se forment dans
lesquelles les individualités se groupent, s'excitent réciproquement,
les trames s'ourdissent en secret, puis tout à coup l'explosion vient
déceler l'existence de menées occultes qu'on a connues trop tard pour
les réprimer (2). »

Gardiens de la foi et des traditions islamiques, les marabouts reçoivent du khalifa le mot d'ordre qu'ils transmettent
aux frères-unis. Les pratiques ascétiques et les spectacles
merveilleux exaltent l'enthousiasme des fidèles et l'ardeur
des guerriers, aujourd'hui résignés, demain prêts à combattre
les mécréants dont ils souffrent impatiemment le contact et
surtout la domination.

De quels excès ne seraient pas capables, avec une telle
organisation, de pareilles milices dont l'esprit est la haine,

(1) Brosselard. *Loc. cit,* p. 25.
(2) De Neveu. *Loc. cit.,* p. 193.

et la vengeance le but ! A Mécknès, au foyer de la secte des Aïssaoua, lorsque la fête du Maouled est proche, une recrudescence de fanatisme s'empare des sectaires, au point que l'on est obligé d'enchaîner, en particulier, les descendants en ligne directe de Lella-Kamsia pendant quarante jours dans la mosquée de Sidi-Aïssa. «Sans cette précaution, ils se jettent sur les hommes qu'ils rencontrent et les déchirent à belles dents.» A Tunis, aux approches de la même fête, on voit les frères de la secte se promener dans les rues «enchaînés, presque nus, ayant de longs cheveux qui rendent leur aspect repoussant. On les entoure de drapeaux et de guirlandes, et l'on parcourt ainsi la ville en poussant des cris. Si, dans cet instant, des personnes étrangères à la religion musulmane se trouvaient sur le passage du cortège, elles courraient le risque d'être grossièrement insultées (1). » Dans le Maroc, les Aïssaoua, dans leurs processions, ne s'arrêtent pas à l'insulte, ils se jettent sur les juifs et les chrétiens qu'ils rencontent. «Il y quelques années, à Tanger, dit le docteur Lemprière, un enfant juif fut mis en pièces par ces frénétiques.»

(1) De Neveu. *Loc. cit.*

CONCLUSIONS

Pour amener cette étude à bonne fin et atteindre le but
que nous nous sommes proposé, après les conclusions particulières qui terminent chacun des chapitres précédents, il
nous reste à formuler les solutions générales que l'on en doit
tirer aux points de vue de l'histoire, de la science et de la
politique. Le lecteur peut déjà les pressentir.

XV

Au point de vue de *l'histoire*, les faits que nous avons
exposés, en suivant pas à pas les témoins les plus autorisés et
les plus dignes de créance, parlent d'eux-mêmes avec une
éloquence au-dessus de tout commentaire. Seulement, il faut
faire la part de ceux dont l'apparence empreinte de mystères
réclame un contrôle plus rigoureux, une démonstration plus
complète. L'élément merveilleux demande un plus grand jour.
Savants et voyageurs qui avez la fortune d'assister à de pareils
spectacles, levez tous les doutes, s'il se peut. Défiez-vous des
mirages de la crédulité, dénoncez les supercheries de la mau-
vaise foi. C'est votre devoir, c'est notre vœu, ce sera le profit de la vérité. Mais, en attendant des révélations nouvelles,
il ne sied pas de rejeter systématiquement et avec dérision

les témoignages acquis. « L'homme qui ne croirait que ce qu'il a vu descendrait au rang des brutes ; et sans le témoignage, nous n'aurions ni science, ni histoire, ni religion (1). » *Qui ita non credit, pecus est* (2).

XVI

Au point de vue de la *science*, c'est une nécessité, aujourd'hui, de protester énergiquement contre les préjugés qui dictent son abstention et, par là, paralysent son essor dans une foule de questions qui intéressent la société ; et nous pensons qu'il est urgent de substituer, partout où faire se peut, ses décisions légitimes aux sentences le plus souvent erronées de l'opinion vulgaire. Ajoutons, pour ce qui nous concerne, que tout ce qui touche aux entrailles de l'humanité ne saurait être indifférent au médecin, et que ce ministre de la nature risque fort d'abdiquer son rang et de perdre son crédit lorsqu'il hésite à prendre la parole en de telles questions.

L'esprit moderne, toutefois, suit d'autres errements, en alléguant d'autres scrupules. Campé dans le monde physique, la matière est l'unique théâtre de sa prédilection. Le microscope et le scalpel, la pile et les réactifs suffisent à ses besoins ; et l'industrie est son culte. Absorbés par l'observation de la matière et de ses lois, les savants contemporains perdent facilement de vue l'étude de la vie et de ses manifestations. Comme les buffles des marais Pontins, c'est à peine s'ils jettent un regard étonné et distrait sur les rares voyageurs engagés dans ces parages. Et le physiologiste discret, jaloux de ne pas troubler l'harmonie des choses et la paix des gens, doit

(1) Dᴱ Gasparin.
(2) Act. S. Cecil.

avoir grand soin, en étudiant le mécanisme de l'économie vivante, de montrer l'identité de ses actes avec les phénomènes de la nature morte. Il doit s'efforcer de prouver que le spiritualisme n'est qu'*une chimère, une illusion d'optique et que la matière peut penser, et que le cerveau pense comme l'estomac digère* (1). Alors tout est pour le mieux dans le meilleur des mondes possibles. Mais survienne, par aventure, quelque téméraire novateur, qui cherche à prendre son essor vers les confins du monde psychique! S'il ne craint pas d'aborder les problèmes de la nature et de l'origine de l'homme; s'il a l'audace de montrer que la matière ne suffit pas à donner la naissance et la forme à la vie; si surtout il va jusqu'à dévoiler le rôle que l'âme, — ce souffle de Dieu? — est appelée à jouer non-seulement dans la sphère animale, mais encore dans la sphère purement organique, dans ce cas, l'aréopage des géomètres, des astronomes et des chimistes, qui tient les sommets et les rênes de la science, n'aura pas assez de dédains pour de pareilles rêveries.

Et cependant ces prétendues rêveries touchent encore à des problèmes qui sont du véritable ressort des sciences naturelles. Mais quel scandale en notre temps, si l'on se permet d'effleurer la moindre question du domaine surnaturel! Décrété de mysticisme par les hauts desservants de la cornue, l'infortuné rêveur de tout à l'heure est menacé des Petites-Maisons.

Il y a là plus d'un malentendu. Le mysticisme, « qu'on pourrait appeler aussi la philosophie du sentiment, à cause de l'autorité prépondérante qu'il attribue à la sensibilité dans la direction de l'esprit humain, » n'est autre chose qu'un *système philosophique*, qui fait découler — d'une faculté de l'esprit, essentiellement mobile, individuelle, sans règle,

(1) Voy. l'excellent article, *la Comédie philosophique*, de M. Dubosc de Pesquidoux, dans la *Revue catholique*, mars et avril 1862.

pleine de préjugés et de fantaisie, — « la source de la connaissance, le principe de la certitude et la règle de nos jugements dans l'ordre des vérités religieuses et morales (1). » L'abus du sentiment pris pour guide dans la recherche de la vérité, c'est-à-dire le MYSTICISME, doit être distingué avec soin, — malgré la ressemblance des expressions, — de la MYSTIQUE, *science* qui s'occupe des faits surhumains, exceptionnels sans doute, mais qui reposent sur le témoignage, et dont les caractères sont déterminés.

La vérité est que les semences du XVIII⁰ siècle germent à peu près partout aujourd'hui, malgré le retour salutaire qui s'annonce, pour consommer la séparation violente entre l'esprit et la matière — dans le domaine des théories comme dans celui des faits, dans les empires comme dans les sciences. C'est la mort proprement dite, d'après une juste remarque. Mais telle est l'horreur que l'on a réussi à inoculer à notre génération pour le spiritualisme que la science officielle, au lieu de profiter de ses enseignements, s'empresse, à son apparition, de fermer les yeux et de se sauver à toutes jambes devant ce Croquemitaine dont elle a si grandement peur (2). Aussi quelles fins de non-recevoir ridicules, quelles réfutations misérables, quelle impuissance radicale, en un mot, en face de la plupart des questions nouvelles que le public, par un reste d'habitude, défère encore au tribunal des académies ! Et pour citer un exemple récent et mémorable, que de déceptions à l'occasion de l'hypnotisme ! Quand la science académique donne sa démission et dépose son bilan, c'en est fait de son crédit.

(1) *Du mysticisme en philosophie*, par l'abbé THOMAS. (*Revue du monde catholique*, t. II, 23 février 1862.)

(2) « Avec l'âme, » — dit le savant doyen de la Faculté des lettres de Lyon, M. BOUILLIER (*Du principe vital et de l'âme pensante*, 1862, p. 44), — « avec l'âme, la force vitale elle-même, à moins qu'on ne proteste que c'est un mot sur lequel on n'entend absolument rien, est aussi en suspicion devant une assemblée (l'Académie de médecine) qui semble décidée à ne rien admettre au delà des propriétés inhérentes à la matière organisée... »

Composé à la fois d'une âme qui le relie à l'empire des esprits et d'un corps qui est le véritable couronnement des trois règnes du monde sensible, l'homme, sous l'impulsion du souffle divin qui l'anime, est soumis ici-bas à la trinité des lois de la matière, de la vie et de la pensée. Sans appartenir exclusivement au monde des corps ou au monde des esprits, tout en vivant de sa vie propre, il vit de leur double existence.

Par conséquent, la science complète de l'homme touche par ses racines aux sciences physiques, et son sommet qui embrasse la psychologie, touche aux domaines de la théologie elle-même. Son autonomie distincte ne l'empêche pas de demander à ces sciences les lumières qui lui peuvent manquer.

Et même sans empiéter plus que de raison sur d'autres terrains, sans prétendre, le moins du monde, à guider, par exemple, la théologie dans le champ commun de leurs investigations, ne peut-on pas dire que l'anthropologie a le droit d'intervenir dans une certaine mesure au classement et à la détermination de quelques faits exceptionnels touchant l'humanité et qui ne cessent pas de l'intéresser, malgré leur nature véritablement mystique?

Il faut s'expliquer pourtant là dessus.

En effet, dans la sphère surnaturelle, on trouve deux ordres de phénomènes : le premier comprend les faits dont l'explication ne peut être justifiée que par l'intervention d'une puissance spirituelle supérieure, et qui se manifestent par des caractères d'une physionomie propre, sans analogie dans les évolutions de la nature; le second embrasse les faits dont les analogies se rencontrent dans l'ordre naturel et qui ont pour support les phénomènes normaux dont ils ne sont que les dérogations.

Or, la science ne doit pas rejeter, sans exception, comme elle l'a fait jusqu'ici, l'ensemble des faits mystiques. Il lui sied, au contraire, d'aider à la distinction des deux catégories qui les embrassent : distinction difficile, sans doute, mais qu'il lui sera donné d'atteindre, non sans quelques profits. Si, en effet, elle est obligée de se borner à reconnaître et à classer les faits du premier ordre, elle est appelée à tenter l'explication des phénomènes qui composent le second.

Arrêtons-nous un instant à ce dernier. De même que la théorie des monstruosités, dans les deux règnes de la vie, a pour point de départ la conformation harmonique des organes arrêtés dans leur libre développement; de même que dans l'analyse des maladies, les actes pathologiques ont pour condition les actes physiologiques dont ils ne sont que les déviations; ainsi les phénomènes normaux sont la base des manifestations anormales qui constituent l'essence de la mystique dite *naturelle*.

Et pour mentionner seulement quelques exemples, l'extase surnaturelle n'a-t-elle pas son fondement et ses analogies dans l'extase ordinaire? Les vagues pressentiments, les prévisions instinctives, les sympathies et les répulsions aveugles, non-seulement pour tels ou tels individus de la famille humaine, mais encore pour de simples métaux et d'autres corps bruts de la nature, l'insensibilité dans l'état d'exaltation et de fureur, et peut-être, dans cet état, l'immunité contre les agents toxiques et les venins, la domination de l'homme sur l'homme et sur les autres créatures, la fascination opérée par certaines espèces d'animaux, les influences magnétiques diverses, etc., tous ces exemples n'indiquent-ils pas les bases naturelles des phénomènes analogues de l'ordre vraiment surnaturel?

Il est inutile d'entrer plus avant dans les développements de cette thèse. Il suffit à notre but de laisser entrevoir tout le parti que la science peut tirer d'une pareille étude, même au seul point de vue de l'observation des lois purement naturelles de l'espèce humaine. Ce serait à la physiologie à nous apprendre comment l'exaltation amène l'insensibilité; quels rapports existent entre la fureur et les prévisions des sibylles antiques; de quelle manière s'établit la domination de l'homme sur ses semblables ou sur les animaux; à quelles conditions il faut rapporter le charme naturel des serpents : toutes questions qui n'étaient pas étrangères aux encyclopédistes du moyen âge et aux Pères de l'Église, dont les savants modernes ignorent, à peu de chose près, le premier mot.

Encore une fois, il importe donc que l'anthropologie reprenne avec autorité possession de tous les faits de sa juridiction, de quelque côté qu'ils lui viennent, quelque décision qu'ils lui apportent. Combien d'étincelles pourront jaillir un jour de ces rapprochements! Quels horizons nouveaux et agrandis! Que de phénomènes dont les apparences merveilleuses recevront de naturelles solutions! Que de secrets l'homme pourra dérober à cette étude particulière de la nature pour l'asservir davantage à sa domination! Mais encore faut-il avoir, au moins, le courage de regarder en face les faits qui rompent en visière à nos théories.

Dans l'analyse des faits et gestes des Aïssaoua, nous avons dû chercher, autant que possible, à faire rentrer dans le giron de la physiologie la plus grande partie des pratiques de cette secte mystérieuse. La science devait aller à son but et faire son œuvre; c'est pourquoi nous avons cherché avant tout les voies et les solutions naturelles.

Mais nous n'avons point abandonné, comme indignes d'intérêt, les faits que leur nature mystique place, dans une certaine mesure, à l'abri des ordinaires investigations.

Parmi ces faits, il nous a été possible d'éclairer encore des lueurs de la science ceux qui sont fondés sur une base naturelle. Ainsi nous avons cherché, en particulier, à déterminer l'analogie que présentent, d'une part, l'initiation des sectaires avec l'entraînement, et d'autre part, la perturbation nerveuse opérée par l'ivresse alcoolique avec celle que détermine une violente exaltation morale; et de la même manière que celle-là paraît être une condition d'antagonisme et d'antipathie relativement aux venins, il nous a semblé que celle-ci pouvait peut-être, par analogie, développer accidentellement la même immunité.

Enfin, des témoins dignes de foi ont révélé, à propos de la même secte, des phénomènes, dont la réalité, — si elle est maintenue hors de doute, — atteste la portée vraiment surnaturelle. Tels sont, par exemple, le pouvoir de sauter, pieds nus, sur des lames acérées sans en recevoir de dommage; celui de faire disparaître en un instant et, à vrai dire, comme par enchantement, les traces — d'une brûlure dont la fumée du corps incandescent n'est pas encore éteinte, — ou d'une blessure dont le sang vient à peine de jaillir. Quant à ces derniers faits, qui supposent une intervention supérieure, dont la source provient, non du monde de la lumière, mais de celui des ténèbres, — il nous convenait de les reconnaître pour les classer.

Entre les deux sources, le doute n'est pas possible. Sans doute, parmi les dons conférés aux apôtres du Christ, il leur fut aussi donné le pouvoir de manier les serpents et de boire tout poison mortel sans en éprouver aucun mal (1). Les deux pôles opposés du monde surnaturel peuvent accomplir les mêmes prodiges. Mais la distinction est toujours facile et la déclaration d'ailleurs rarement ambiguë. Et il ne faut pas oublier (2) que si les magiciens de Pharaon couvraient par leurs enchantements, *incantationibus suis*, toute l'Egypte de grenouilles et changeaient leurs propres verges en serpents, prodiges qui semblaient balancer les miracles de Moïse; cependant ces magiciens eux-mêmes finirent par s'avouer vaincus et s'inclinèrent en disant : *Digitus Dei hic est* (3).

(1) « Ils manieront les serpents, et s'ils boivent quelque breuvage mortel, ils n'en éprouveront aucun mal. » (Évangile de l'Ascension.)
(2) M. E. DE MIRVILLE. *Loc. cit.* — (3) *Exode*, ch. VII.

Ainsi nous avons été jusqu'au bout, la sonde à la main, à travers les écueils de ces parages mystiques. Si, dans l'état actuel de nos connaissances, il n'est pas possible d'en rapporter des solutions définitives, au moins la route est frayée; l'intérêt de la science est pour le moment satisfait.

XVII

Ce n'est pas tout encore. L'étude des Aïssaoua met au jour un intérêt plus grave et plus urgent : celui de l'*humanité*. Écoutons d'abord la Sagesse inspirée (1) :

« Qu'il ne se trouve personne qui se livre aux sortiléges ou aux enchantements,

« Car le Seigneur a tout cela en abomination.

« Ces nations, *dont vous posséderez la terre*, écoutent les augures et les devins. Mais vous, vous avez été instruits autrement par le Seigneur votre Dieu. »

La France doit poursuivre jusqu'au bout, en Algérie, son œuvre providentielle. Après avoir détruit, dans Mezeghenna (2) la guerrière, le repaire de la piraterie, trop longtemps l'effroi de la chrétienté, il lui reste à effacer de son nouvel empire les derniers vestiges de la barbarie musulmane, honte de la civilisation.

De la Méditerranée au désert flotte son drapeau victorieux. La conquête matérielle semble terminée. Mais l'on ne peut dire encore que la conquête morale, la seule durable, commence.

A cette fin pourtant, sacrifices et bienfaits ont été épuisés : desséchement des marais, fertilisation du sol, routes tracées, marchés ouverts, puits creusés dans le sable, ponts jetés sur

(1) *Deutéronome.*
(2) Alger.

les ravins, encouragements, honneurs, dignités, présents;
rien n'a été oublié; rien n'a fait. Dans le Tell, sur
l'Atlas, au Sahara, cherchez quelques témoignages de re-
connaissance. La terre est soumise, les cœurs n'ont pas
désarmé.

Il y a peu d'années, un membre de la tribu saharienne des
Chamba se trouvait avec un groupe d'Arabes à Paris, mêlant
au milieu de nous, dit le général Daumas, leur vie aventu-
reuse. Et comme ce dernier leur demandait quels étaient, à
lui et ses compagnons, leurs moyens d'existence : « Écoutez,
fit le Chambi en riant, nous allons tous les dimanches dans
un café; là, on nous dit : *Fumez, prenez du café et l'on vous
paiera.* En effet, quand nous avons fumé et bu pendant
quelques heures, on nous donne quarante douros, qui nous
servent à vivre toute la semaine. » Là-dessus, il rit encore et
il ajouta une phrase dont il est difficile de traduire en notre
langue la pittoresque ironie, mais qui voulait dire à peu près
ceci : « *Les enfants de Mahommet profitent de ce que Dieu a
créé tout exprès pour les nourrir une nation de badauds* (1)! »

La pensée du Chambi résume l'esprit de toutes les tribus.
C'est le premier article de foi de tout bon musulman. Suivant
la loi du prophète, il ne doit y avoir pour l'infidèle ni paix,
ni trêve, ni merci.

« O croyants, — dit le Koran, — combattez les incrédules! Qu'ils
vous trouvent durs à leur égard!

« Combattez-les afin que Dieu les châtie par vos maux et les couvre
d'opprobre et qu'il vous donne la victoire sur eux (2). »

Ah! qu'il nous soit permis de le dire! N'est-il pas singulier de nous voir constituer nous-mêmes les défenseurs d'un
enseignement qui est l'échec manifeste de notre domination?
Il faut en effet que les déclamations absurdes et hypocrites

(1) Général Daumas. *Loc. cit.*, p. 128.
(2) Koran. *Sourate*, 8, v. 40. Sour., 9, v. 14.

des sophistes, des libre-penseurs de ce siècle aient étrangement obstrué le bon sens traditionnel de la France pour lui faire accepter une semblable complicité. Sous prétexte de tolérance religieuse, on a cru faire merveilles en caressant les préjugés des musulmans. Pour éviter de blesser leur foi, toutes sortes de concessions ont été faites à leur orgueil. Leurs écoles ont été entretenues et leurs institutions conservées au delà même de leurs désirs. Nos navires sont à la disposition des pèlerins qui vont à la Mecque se retremper à la source de leur inimitié. Parmi nos princes, les uns ont brigué plus d'une fois l'honneur de poser la première pierre des mosquées ; d'autres ont manifesté avec éclat l'indifférence de l'État en matière de croyances. Si bien que nulle conduite ne pouvait être plus propre à exalter le farouche orgueil des enfants de Mahommed, à les parquer dans leurs erreurs, à justifier leurs dédains, en un mot, à creuser davantage l'abîme qui les sépare de nous. O grands politiques ! allez étaler sous la tente de l'Arabe votre superbe mépris de la vérité sous la formule de l'égalité absolue des croyances ! Apôtres de l'Incrédulité ! continuez de prêcher au nom du progrès votre cynique indifférence. Et vous ne tarderez pas à recevoir le prix de vos maximes et la récompense de vos exemples. Et si, par exemple, vous entendez le fils du désert s'écrier, en vous montrant du doigt, dans son rude et véridique langage : *Vois ces chiens ! ils ne prient pas* (1) *!* que ce mot vous serve de leçon !

En présence des horreurs et des excès dont nous avons esquissé les tableaux, on comprend le sentiment de légitime indignation que laisse exhaler dans une de ses lettres, — à l'occasion des Aïssaoua, — un homme qui a joué un rôle d'une certaine importance en Afrique. « Chaque fois (dit-il) que j'ai été témoin de leurs exercices, je suis devenu mal-

(1) L. VEUILLOT. *Mélanges religieux, politiques et littéraires*, 1860, t. V, p. 136, v. 59.

lade, furieux, et j'ai toujours dit que le jour où j'arriverais au pouvoir, je supprimerais les *séances* (*h'adras*), comme le maréchal Bugeaud a supprimé d'autres abominations ! »

L'on sait que François de Neufchâteau, procureur général à la Martinique en 1786, fut obligé d'interdire, sous les peines les plus sévères, le *bala* des nègres, danse mélangée de pratiques occultes, par suite de laquelle toute la population finissait par entrer en convulsions.

Pour revenir à l'Algérie, on ne peut donc qu'applaudir au vœu formulé de la manière suivante par l'un de ses administrateurs les plus intelligents (1) : « Il est permis de croire que ce serait un acte de haute politique et de sage prévoyance administrative que d'attaquer carrément, et de front ces doctrines subversives, de mettre un terme à ces aberrations, de réduire à néant l'influence de ces associations toujours hostiles, naguère ardentes à se jeter dans la mêlée, mais plus dangereuses peut-être, à l'heure où elles paraissent désarmées. Les demi-mesures sont des palliatifs impuissants. La tolérance deviendrait coupable : compose-t-on avec l'ennemi ? Il s'agit en ceci d'une question de vie ou de mort pour les jeunes générations musulmanes dont les destinées reposent entre nos mains. »

Pour nous, s'il nous était permis d'élever la voix en faveur d'un intérêt aussi puissant, nous dirions qu'il n'est qu'un remède à ce mal : la propagande active — par le précepte et par l'exemple — de la foi chrétienne, cette vérité mère de toutes les vérités.

« En 1836, — dit M. le colonel de Neveu (2), — M. le général comte de la Rue, chargé d'une mission auprès de l'empereur du Maroc, était à Mecknès, et s'entretenait

(1) M. Brosselard.
(2) *Loc. cit.*, p. 36.

avec un des dignitaires de l'empire; il lui parlait de la grandeur de la France, de ses ressources en hommes, chevaux, canons, armes, vaisseaux, etc. Un *thaleb* (lettré) de l'empereur, présent à cet entretien et qui avait écouté avec attention le plénipotentiaire français, répondit : « Vous « seriez bien plus sur les Arabes avec des médecins et des « marabouts qu'avec des canons et des fusils. »

En d'autres termes, ce sont les armes spirituelles qui doivent devenir aujourd'hui les plus efficaces instruments de la conquête morale de l'Algérie. La tâche est désormais aux apôtres de « la bonne nouvelle ; » aux disciples de Celui qui a dit : « Je suis la Vérité, la Voie et la Vie, » et qui « courent se dévouer partout où il y a des infidèles à éclairer, des pécheurs à consoler, des pauvres à secourir, des malades à soigner, des peuples à civiliser (1). » Sur cette terre livrée aux ténèbres de l'ignorance et de la superstition, il est temps de faire briller dans tout son éclat et dans toute sa pureté la lumière de la vérité chrétienne. A la loi du prophète, il faut opposer sans réserve l'enseignement du Christ ; au Koran, où gronde la menace, l'Évangile, où respire le pardon ; aux Khouan, milice organisée dans les voies ténébreuses pour la révolte, nos missionnaires et nos vierges héroïques, dont la parole répand la consolation et convie à la paix.

Nul doute que les futures générations de ces races déchues ne sentent enfin, sous l'écorce musulmane, refleurir la sève chrétienne. Et même plus d'une de ces nombreuses tribus qui vivent à l'ombre de la tente, sur les plages de l'Afrique, n'aurait pas à creuser bien profondément le sol pour exhumer les souvenirs de son ancienne foi. D'après le

(1) VENTURA DE RAULICA. *OEuvres posthumes*, Homélie sur la parabole du Samaritain.

général Daumas, l'habitant de la grande Kabylie (1), « peuple
en partie autochtone, en partie Germain d'origine, *autre-
fois chrétien tout entier*, ne s'est pas complétement trans-
formé dans sa religion nouvelle. Sous le coup du cimeterre,
il a *accepté* (2) le Koran, mais il ne l'a pas embrassé ; il
s'est revêtu du dogme ainsi que d'un burnous, mais il a
gardé, par dessous, sa forme sociale antérieure, et ce n'est
pas uniquement dans les tatouages de sa figure qu'il étale
devant nous, à son insu, le symbole de la croix (3). »

En définitive, c'est le baptême catholique qui amènera
seul l'unité politique et la réhabilitation morale de la race
d'Ismaël, avec sa réconciliation jusqu'ici vainement espérée.
Ce sont les fils des croisés qui seuls auront la dernière victoire dans cette conquête dont les fils de Voltaire n'ont que
trop longtemps compromis le succès !

O noble nation de saint Louis, soumets donc à ta foi,
par le précepte, et par l'exemple, les infidèles désormais
soumis à tes armes ! Fils des Francs, suivant à votre devise,
accomplissez l'œuvre de Dieu !

GESTA DEI PER FRANCOS !

FIN

(1) *Loc. cit.*, p. 221.
(2) *Il a accepté, Kebel,* Kabyle ; l'une de ses étymologies
(3) La tribu des *Touaregs,* d'origine berbère, dont quelques notables
représentants sont en ce moment à Paris, a coutume de porter sur presque
toutes ses armes les emblèmes du christianisme.

PARIS. — IMPRIMERIE POUPART-DAVYL ET Cᵉ, RUE DU BAC, 30.